LE

COMMERCE DE LA BOUCHERIE

A ABBEVILLE

(XVᵉ-XVIIIᵉ SIÈCLES)

~~~~~~~~~~~~~~~~~

Les bouchers d'Abbeville étaient réunis en corporation dès la fin du xivᵉ siècle; nous voyons leurs maïeurs de bannière, Adam Tournevaque, Bernard le Grant, Jehan le Fevre et Fremin de Cahon, concourir en 1388 à l'élection du maïeur Guerard Faffelin et dans le registre des statuts des corporations d'Abbeville, nous trouvons quatre articles concernant le commerce de la boucherie et datant de la fin du xivᵉ siècle :

1. Item, que nulz bouchiers ne aultres soit si hardis que il tue une beste ne conroye char quelle que elle soit, se elle n'est boine et loiele et sans mehaing ou villenie, et que les wardes qui i sont de par le ville les aient anchois veu, et que toutes les bestes soient tuées en le boucherie, et le boucherie soit ouverte très le messe au jour et le char porté dedens pour vendre.

2. Item, que nulz trempeche ses trippes, et que on y mette du sel assés et que elles soient bien cuites,
~~~~~~~~~~~~~~~~~

seur perdre le mestier et sur l'amende telle qu'i plaira au maïeur et eschevins.

3. Item, que nulz bouchierz ne aultres ne vende char de truye en le boucherie, si elle n'est castrée de lait, mais se chil le veut vendre, vende le hors de le boucherie, et qui le contraire fera il sera a LX solz et perdera le mestier an et jour.

4. Item, que nulz ne vende ossi point de char soursemée, ne aiant fy, mort mal ne aultre vilaine maladie.

Le même registre contient un autre règlement de boucherie, du 6 janvier 1447, composé de douze articles reproduisant ceux que nous venons de citer et prescrivant quelques autres mesures relatives aux apprentis bouchers. Mais ce ne fut que le 26 septembre 1562 que la communauté des bouchers, sous la seconde mairie de Nicolas Rumet, sieur de Beaucamp et de Beaucorroy, eut de véritables statuts qui se trouvent insérés aux registres aux délibérations de l'Hôtel de ville d'Abbeville de 1703, d'après deux copies collationnées de 1593 et 1630.

La communauté était alors régulièrement constituée : elle avait des maïeurs de bannière, Jacques Dufour, Nicolas Quencuille, Nicolas Bassée et Jean Besson ; des gardes, Nicolas Petit, Jean de Vuanel, Nicolas Sanson et Galliot Desprès et elle avait délégué d'autres représentants pour, de concert avec les gardes et maïeurs de bannière, obtenir ses statuts.

En 1702, la communauté fit valoir qu'il était non seulement de l'intérêt particulier des maitres bouchers mais aussi de l'intérêt public que les statuts soient gardés et observés à toujours ; pourquoi désirant leur faire donner toute la force qu'ils pouvaient avoir, elle adressa requête à M. Godard de Beaulieu,

VARIÉTÉS HISTORIQUES

SUR

ABBEVILLE

PAR

Henri MACQUERON

Membre de plusieurs Sociétés savantes.

Le Commerce de la Boucherie a Abbeville
(XVᵉ-XVIIIᵉ siècles).

M. de la Rodde, gouverneur d'Abbeville et ses démêlés avec la Municipalité, 1693-1698.

Obsèques du Vicomte de Melun, 1739.

Le Prieuré de Saint-Pierre : sa reconstruction, 1770-1777.

Les Logements militaires a Abbeville aux XVIIᵉ et XVIIIᵉ siècle.

ETC., ETC.

ABBEVILLE

IMPRIMERIE C. PAILLART

24, rue de l'Hôtel-de-Ville, 24

—

1898

VARIÉTÉS HISTORIQUES

SUR

ABBEVILLE

PAR

Henri MACQUERON

Membre de plusieurs Sociétés savantes.

LE COMMERCE DE LA BOUCHERIE A ABBEVILLE
(XVᵉ-XVIIIᵉ siècles).

M. DE LA RODDE, GOUVERNEUR D'ABBEVILLE ET SES DÉMÉLÉS AVEC
LA MUNICIPALITÉ, 1693-1698.

OBSÈQUES DU VICOMTE DE MELUN, 1739.

LE PRIEURÉ DE SAINT-PIERRE : SA RECONSTRUCTION, 1770-1777.

LES LOGEMENTS MILITAIRES A ABBEVILLE AUX XVIIᵉ
ET XVIIIᵉ SIÈCLE.

ETC., ETC.

ABBEVILLE

IMPRIMERIE C. PAILLART

24, rue de l'Hôtel-de-Ville, 24

—

1898

maire perpétuel de la ville, pour obtenir lettres patentes d'homologation.

C'était alors une puissante corporation et on a même peine à comprendre comment les « vendeurs de chair » pouvaient être aussi nombreux à Abbeville. Nous voyons, en effet, dans un acte passé devant Desrobert, notaire à Abbeville, le 21 mai 1710 et concernant un emprunt de 4,000 livres contracté pour payer ce que la communauté devait pour les droits d'inspecteurs aux boucheries, nous voyons, disons-nous, comparaître 107 maîtres bouchers ou veuves de bouchers ; il est intéressant de retenir les noms de la plupart des bouchers à cette époque, noms qui se sont perpétués dans le même commerce jusqu'à nos jours : ce sont Jean Hubert, l'un des maïeurs de bannière, Gabriel Leblond, garde, Jean Hubert, bâtonnier, Pierre, Valentin et Philippe Leblond, Charles et François Josse, Philippe Boubert, François Rumault, André Dufour, Charles Coffin, etc.

Les statuts furent approuvés par lettres patentes du mois de juin 1704 et enregistrés au Parlement le 26 octobre 1716 : ils étaient à peu près les mêmes que ceux de 1562, mais contenaient cependant des modifications et on avait fait subir aux anciens quelques suppressions Nous allons voir à quel régime était ainsi soumis à Abbeville le commerce de la boucherie.

On ne pouvait exercer le métier de boucher avant d'être reçu maître dans la ville et d'avoir payé les droits de confrérie et ceux du métier avec ceux de la halle et étalage appartenant au Roi : on devait aussi s'engager à garder les statuts à peine de 60 sols d'amende portés plus tard à 20 livres et de la confiscation des viandes (art. 37 ancien, 24 nouveau).

Les bouchers devaient aller les dimanches et jours de fêtes solennelles à la messe et aux vêpres paroissiales, incontinent le tiers coup sonné à peine de 60 sols d'amende (ancien article 1er non rétabli en 1704) et il leur était défendu de tuer ni étaler chair les mêmes jours à peine de pareille amende ; cependant, en cas de nécessité, il leur était permis de vendre dans l'intérieur de leurs maisons, en dehors des heures du service divin (art. 3 et 4 anc., 3 nouv.) ; ils ne pouvaient non plus aller les mêmes jours par les champs, ni envoyer leurs commis pour acheter des bestiaux à peine d'une amende de même importance (art. 2 anc., 1er nouv.).

Ils avaient dans la ville et la banlieue le monopole de tuer les vaches, porcs et autres grosses bêtes, mais ne pouvaient refuser leurs services aux habitants qui les mandaient pour aller tuer, saler et accoustrer lesdits bestiaux ; ils ne devaient pas mettre de retard pour se rendre aux lieux où on les réclamait, devaient avertir leurs clients des défauts et maladies des animaux qu'on faisait tuer et, en cas de non avertissement de ces défauts ou de travail mal fait, étaient passibles d'amende arbitraire et de punition corporelle (art. 3 nouv., 5, 6, 7 et 8), peines qu'ils encouraient également dans le cas où ils auraient demandé un prix excessif pour rémunération de leurs services (art. 9 anc.).

Les bouchers étaient bien exclusivement désignés pour tuer les animaux destinés à leur commerce et ceux pour lesquels les habitants les demandaient : ils pouvaient en tuer autant qu'ils en pouvaient vendre (art. 36 anc.), s'associer les uns avec les autres pour

SAINT ANDRÉ

Patron des Bouchers d'Abbeville

Statue du portail de Saint-Wulfran).

faire le commerce à charge de se rendre loyal compte et de faire juste rapport de ce qu'ils avaient négocié ensemble, mais une chose leur était expressément interdite : c'était d'avoir intelligence entre eux « pour pratiquer chéretés et commettre monopole, à peine d'amende arbitraire, punition corporelle et suspension du metier » (art. 14 anc., 6 nouv.). Cette défense est encore confirmée plus loin : il est pareillement défendu auxdits bouchers d'acheter les uns aux autres les chairs mortes et tuées pour vendre en ladite boucherie, ni faire aucunes choses qui tendent à monopole et faire renchérir la viande, à peine d'amende arbitraire et punition corporelle (art. 38 anc., 24 nouv.).

Les maitres ne pouvaient avoir chacun qu'un seul apprenti dont la durée d'apprentissage était de deux ans. L'apprenti devait dans la quinzaine de son entrée payer 10 sols à la confrérie de Dieu et de Monsieur saint André dont il était membre et 10 sols pour tous les maitres bouchers ; il ne pouvait sortir de chez son maître avant d'avoir achevé le temps pour lequel il s'était engagé, ni les autres bouchers ne le recevoir sans le consentement du maître à peine de six livres d'amende (art. 10 et 11 anc., 4 nouv.).

De nombreux articles sont consacrés aux précautions à prendre pour que les viandes débitées soient saines, bonnes et remplissent toutes les conditions nécessaires pour la santé, notamment pour les veaux et pour les pourceaux au sujet desquels les prescriptions sont excessivement minutieuses.

Ainsi, les bouchers ne pouvaient tuer aucuns bestiaux de quelque qualité qu'ils soient qu'ils n'aient été « égardés » vifs par les gardes du métier et que les viandes n'aient été jugées bonnes et saines pour mettre au corps humain à peine d'une amende de 60 sols portée plus tard à 10 livres (art. 12 anc., 5 nouv.). Il leur était expressément défendu d'acheter aucuns bestiaux venant de personnes suspectes tels que barbier, maréchal, lépreux, exécuteur des hautes œuvres, etc., ou qui auraient pris breuvage ou médecine à peine de 100 sols d'amende (art. 15 anc., 7 nouv.).

L'abattage devait se faire en plein jour, non pas avant l'ouverture ni après la cloche sonnée pour la fermeture des portes de la ville, afin que les esgards puissent avoir connaissance de ce qui se tue et punir les abus à peine de 60 sols d'amende (art. 25 anc., 16 nouv.) ; puis les viandes devaient être apportées dans les boucheries et exposées sur les étaux le matin avant 10 heures afin qu'elles puissent être visitées (art. 35 anc., 21 nouv.) et l'on n'en pouvait plus apporter après que les esgards avaient fait leur tour de visite accoutumé à peine de 10 livres d'amende. Les viandes ainsi placées sur les étaux devaient être mortifiées et reposées de 24 heures après qu'elles avaient été tuées pour éviter les inconvénients qui en pourraient résulter à peine de 60 sols d'amende.

Il était enjoint aux bouchers par les statuts de 1562 (art. 33) de vendre toutes les chairs qu'ils auraient tuées depuis Pâques jusqu'à la Saint-Remi en dedans les vêpres dites le lundi suivant en l'église de Saint-Vulfran et pareillement celles qu'ils vendaient depuis la Saint-Remi jusqu'aux Caresmiaulx devaient être débitées en dedans le mardi suivant, sans attendre davantage, leur étant défendu à peine de confiscation et de 60 livres d'amende d'exposer et vendre plus longtemps les viandes qu'ils étaient alors tenus de mettre en sel.

Défense était faite d'exposer en vente des chairs de taureaux ou de boucs à moins d'y avoir apposé un petit morceau de drap rouge pour en avertir le public à peine d'une amende de 60 sols (art. 34 anc., 22 nouv.). Les veaux ne devaient être tués que s'ils avaient l'âge de trois semaines ou quinze jours au moins à peine de confiscation et 60 sols d'amende (art. 26 anc., 17 nouv.); les esgards avaient charge de vérifier si les bouchers ne contrevenaient pas à cette prescription (art. 27 anc., 18 nouv.). Les moutons, brebis et agneaux ne devaient provenir que de troupeaux exempts de clavelée et de toute autre défectuosité (art. 22 anc., 13 nouv.); et les statuts de 1562 ne permettaient (art. 30) de tuer les brebis qu'entre la Saint-Remy (3 octobre) et la Saint-André (30 novembre).

La vente des porcs et du lard était très surveillée et plusieurs articles règlent les conditions exigées pour le commerce de la viande de ces animaux. On ne doit tuer aucun pourceau « soursemé ou ladre » pas plus que les truies pleines ou en bond à peine de 60 sols d'amende et de confiscation des chairs (art. 24 anc., 15 nouv.); on peut néanmoins tuer, exposer et mettre en vente les truies qui sont bien « castrées de lait » après les avoir fait égarder préalablement (art. 23 anc., 14 nouv.). Le commerce de la viande de porc, soit fraîche, soit salée, est défendu à peine de 10 livres d'amende et de confiscation depuis la mi-mai jusqu'au jour de la Saint-Remi pour éviter les inconvénients qui en pourraient advenir (art. 21 anc., 12 nouv.). On ne peut exposer en vente la chair de truie ou pourceau écorchée à peine de confiscation et d'amende (art. 29 anc). Le lard ne peut être vendu s'il n'a été en sel l'espace d'un mois et un autre mois pendu en l'air pour égoûter et pour sécher ; il doit être loyal et marchand et visité par les gardes du métier qui sont responsables de leur visite et qui ne peuvent prendre pour droit d'égardage plus de 2 sols du cent pesant (art. 16 anc., 8 nouv.). Enfin des prescriptions analogues sont prises à l'égard de ceux qui font seulement le commerce de lard, des marchands forains qui en apportent en ville et des habitants qui tuent des porcs et en conservent le lard pour leur consommation personnelle.

Les derniers articles (39 et 40 anc., 26 et 27 nouv.) concernent les gardes du métier ; ils leur recommandent de se rendre soigneux et diligents à visiter les chairs tant vives que mortes, à en dénoncer les défectuosités aux maire et échevins sans en rien receler, ni commettre aucun abus, à peine de punition exemplaire et leur accordent pour les dénonciations qu'ils feront, un tiers des amendes dues par les contrevenants.

Ces statuts n'étaient cependant pas toujours fidèlement exécutés, notamment l'article 24 relatif aux ententes entre bouchers pour faire hausser le prix de la viande, et, à plusieurs reprises, l'échevinage dut intervenir pour rappeler les bouchers à l'exécution de leur règlement. On avait dû déjà recourir à la taxe en 1704 et en 1710, lorsqu'en 1717, la coalition des bouchers amena de nouveau le conseil de ville à intervenir dans la question. Dans une assemblée qui eut lieu le 8 octobre 1717, le substitut du procureur fiscal exposa qu'il s'était introduit plusieurs abus et monopoles dans le commerce de la boucherie ; pour faire subsister les maîtres qui ne tuaient pas, leurs veuves et leurs familles, les bouchers fournissaient à chacun d'eux une certaine somme par semaine qui était prise proportionnellement au nombre de têtes abattues par ceux dont les étaux étaient bien achalandés : ces derniers convenaient alors de tuer moins de bêtes qu'il n'était nécessaire pour la consommation des habitants et faisaient par ce moyen hausser les prix qui, malgré l'éloignement des troupes et la suppression du droit de quatre sols pour livre, étaient plus élevés que pendant la guerre et un tiers au delà du prix des pays voisins. Le conseil de ville décida alors qu'il serait informé des abus, monopoles et pactes illicites faits par les bouchers et taxa, pour la fin de l'année, la viande à des prix que nous ne comprenons plus guère, c'est-à-dire le veau à 3 sols 6 deniers la livre, le bœuf à 4 sols et le mouton à 4 sols 6 deniers. Les bouchers étaient tenus de se conformer à ces prix à peine de cent livres d'amende et il était dit que, s'ils transgressaient la taxe qu'on leur imposait, on permettrait aux bouchers du dehors de venir vendre et débiter leurs viandes dans la ville et même aux particuliers de tuer et abattre pour vendre pour leur propre compte. (Arch. mun., FF. 197.)

En 1776, le corps de ville dut s'occuper de nouveau de la question des bouchers ; et dans une assemblée qui eut lieu le 1er avril, le procureur du Roi exposa les abus et le monopole qui s'étaient introduits dans la corporation. Le prix excessif que les bouchers mettent à la viande malgré la grande diminution dans la valeur des bestiaux, ne provient, dit-il, que de leurs dépenses de cabaret, de sorte que leur conduite devient un impôt très onéreux pour le public, et la

preuve en est que les bouchers étrangers offrent de
fournir la viande de la meilleure qualité à 6 liards par
livre au-dessous du prix réclamé par ceux de la ville.
Le maïeur en conséquence prit un arrêté taxant la
viande de bœuf et de mouton à 5 sols 6 deniers et
celle de veau à 4 sols 6 deniers, à peine aux contrevenants de payer une amende de 50 livres pour la
première fois, et en cas de récidive d'encourir la prison et même l'interdiction,

Les bouchers ne se soumirent pas à cette taxe et
continuèrent de vendre à leur gré : les syndic et gardes
de la communauté appelés à l'Hôtel de ville se gar-
dèrent bien d'y comparaître et le maïeur prit le
10 avril un nouvel arrêté permettant aux bouchers
domiciliés hors de la ville et banlieue de venir s'établir à Abbeville pour y tuer, étaler et vendre toutes
sortes de viandes, et les autorisant à s'installer soit
dans les maisons particulières, soit dans l'ancien
hôpital Saint-Etienne, sur la place Saint-Pierre que
la municipalité mettait à leur disposition. (Arch.
mun., FF. 287.)

On voit par les statuts que nous venons d'analyser
que les bouchers faisaient le commerce de toutes
sortes de viandes et que le débit de la viande de porc
ne formait pas, comme de nos jours, une industrie
séparée. Cependant il existait quelques marchands de
lard qui ne faisaient pas partie de la corporation et
qui, en 1716, firent une demande pour obtenir la création d'une communauté particulière. Par l'organe de
Jean de Bray, leur procureur, ils demandèrent le
2 août 1717 au subdélégué de l'Intendant « comme la
chaircuiterie est fort commode au public qui en reti-
rera bien des douceurs et des avantages, » à être

admis à exercer le métier de charcutier et que les articles des statuts des bouchers qui regardaient ce métier soient rayés. Les bouchers, bien entendu, protestèrent et se retranchant derrière les articles de leurs statuts qui visaient le commerce de la viande de porc, prétendirent que le métier était libre, qu'ils avaient droit de l'exercer et demandèrent à être reconnus dans le droit exclusif de faire « l'art et métier de chaircuitier. »

Ce furent ces derniers qui eurent gain de cause : une délibération des officiers de police d'Abbeville du 13 août 1717 fut favorable aux anciens maîtres et un arrêt du conseil du 18 octobre 1717, enregistré au Parlement le 9 décembre, accorda aux bouchers d'Abbeville la qualité de « chaircuitiers, » les autorisant à faire l'exercice de ce métier, exclusivement et privativement à tous autres. Une nouvelle tentative faite quelques années plus tard par les charcutiers qui s'étaient, cette fois, ménagés l'appui de l'échevinage ne fut pas plus heureuse et un arrêt du 21 janvier 1720 confirma aux bouchers le droit de vendre la viande de porc.

Les bouchers demeuraient presque tous dans la rue qui a continué de porter le nom de rue de la Boucherie et où la plupart des Abbevillois ont encore connu de nombreux étaux, ainsi que dans les petites rues adjacentes. L'acte du 21 mars 1710 dont nous avons déjà parlé, après avoir nommé tous les maîtres bouchers, les indique comme domiciliés dans les paroisses de Saint-Georges, Saint-André et Sainte-Catherine. M. Prarond nous apprend cependant qu'au XVIe siècle, il y avait des boucheries installées au coin de la rue aux Pareurs et près du couvent des Cordeliers, entre

le couvent et le pont de Talance où il y avait six étaux :
elles avaient disparu à l'époque dont nous nous
occupons.

En 1762, une ordonnance royale du 9 septembre
demanda à toutes les corporations la production d'un
état sur la situation générale de leur communauté.
L'état que produisirent les bouchers d'Abbeville à la
date du 27 octobre est conservé aux archives dépar-
tementales de la Somme (C. 475) et est signé de Wil-
brode Leblond, syndic, Jacques Hubert, Jean-Charles
Leblond, Michel Dimpre et Jacques Hubert dit la
France, gardes, Charles Leblond, Charles et Victor
Josse et Pierre Hubert, maïeurs de bannière. Il nous
apprend que la communauté était alors composée de
48 maîtres et 28 veuves de maîtres avec boutiques et
étaux, de 7 autres maîtres tant bouchers que charcutiers ne faisant pas de société avec les autres et
encore de 20 maîtres et 11 veuves de maîtres indigents. Cette constatation de bouchers indigents à
laquelle nous ne sommes plus habitués, s'explique
par la quantité de boutiques ouvertes pour la vente de
la viande et il est à croire que les bouchers d'Abbeville étaient de bien modestes négociants qui ne
devaient pas faire facilement fortune.

Comme toutes les communautés de cette époque,
celle des bouchers avait ses finances, ses dettes et ses
revenus ; c'est surtout à ce point de vue que l'état de
1762 est intéressant.

La communauté ne jouissait d'aucun bien ; nous
verrons tout à l'heure qu'elle avait, au contraire, des
dettes et des charges assez importantes. Il ne se
faisait aucune collecte de deniers sur les membres de
la communauté, mais il était d'usage de lever 40 sols

par chaque porc tué et pour les autres bestiaux, veaux, moutons ou agneaux, chaque maître payait 10 sols par bête tuée en sus des quatre qu'il avait droit d'abattre par semaine. Quand un fils de maître passait à la jurande il payait 12 livres outre les droits de la ville et du sergent ; et quant aux apprentis, il n'était pas de mémoire de boucher qu'il en fût passé à la maîtrise.

Les charges étaient autrement importantes ; il y en avait de deux sortes, les charges annuelles et celles perpétuelles provenant d'emprunts faits pour subvenir à des besoins urgents.

C'est ainsi que la communauté devait, depuis 1674, 124 livres de rente pour emprunts qu'elle avait faits pour payer les frais, dommages et intérêts d'un procès qu'elle avait eu contre le fermier général des aides, M. François Legendre, et pour payer l'arriéré qu'elle devait des droits d'inspecteurs aux boucheries ; qu'en 1720 et 1748, elle avait emprunté à l'église Saint-André des sommes pour lesquelles elle payait 137 livres 11 sols de rente pour acquitter la finance demandée à l'occasion du joyeux avènement de Sa Majesté et pour payer les frais de réunion des offices d'inspecteur et contrôleurs jurés de la communauté ; qu'elle devait encore à l'école des pauvres garçons de l'église de Saint-Georges 68 livres pour rente d'une somme empruntée pour payer ce dont elle était redevable et qu'elle ne pouvait solder à cause de sa misère et eu égard au peu de consommation et que, pour des causes analogues, elle devait encore des rentes de 100 livres à M. Lamiré de Caumont, ancien maïeur, de 50 livres à Charles Pharan, maître boucher et de 70 livres à M. Matiffas, cette dernière représentative d'un emprunt qu'elle avait fait pour les réparations que nécessitait la Halle de la Boucherie, soit au total 549 livres 11 sols de rente.

Les dépenses annuelles consistaient en 600 livres que la communauté payait au roi pour le loyer de la Halle de la Boucherie, 300 livres à ses deux bergers, 100 livres à son vacher, 30 livres à celui qui avait soin de la halle et était chargé de l'ouvrir et de la fermer, 198 livres pour les trois vingtièmes deniers d'industrie, 89 livres 15 sols 9 deniers pour les trois vingtièmes des offices et droits, et enfin 3 livres 15 sols au sergent de ville attaché à la communauté pour les quatre courses ordinaires qu'il faisait lors des réunions des maîtres y compris la semonce de la Saint-Barthélemy. Celui-là, au moins, ne volait pas l'argent de la communauté.

Les revenus étaient donc loin de répondre aux charges : aussi la communauté s'endettait-elle toujours et l'état de 1762 finit par cet aveu qu'elle était encore redevable de 2500 livres pour plusieurs années d'arrérages de ces différentes rentes et sommes, preuve évidente qu'il y avait trop de bouchers et pas assez de consommateurs et que les bénéfices étaient insuffisants. On ne pourrait pas en dire autant cent ans plus tard !

M. DE LA RODDE

Gouverneur d'Abbeville

SES DÉMÊLÉS AVEC LA MUNICIPALITE

(1693-1698)

Le 22 février 1693, M. de la Rodde, lieutenant-colonel au régiment royal de Comtois, était nommé pour trois ans commandant pour le Roi en la ville d'Abbeville en la place de M. de la Vercantière. Il avait charge d'y commander aux habitants et gens de guerre, tant de cheval que de pied, français et étrangers, pour leur ordonner ce qu'ils avaient à faire pour le service du roi, la défense et la conservation de la ville, comme aussi de faire vivre les gens de guerre en bon ordre et police suivant les règlements militaires, le tout sous l'autorité du gouverneur et lieutenant général du Roi en Picardie.

Cette nomination n'était pas du goût de Messieurs de ville qui avaient adressé un placet au Roi pour être exempts de commandant militaire après la mort de M. de la Vercantière et qui voyaient, dans cette nomination et malgré toutes les circonlocutions dont étaient entourées les lettres royales, l'établissement définitif d'un commandant militaire à Abbeville et la perte de ce droit si précieux pour le maïeur de commander souverainement en la ville tant aux habitants qu'aux gens de guerre. Un fait, de peu d'importance en apparence, montre à quel point les habitants tenaient encore à leur ancien privilège d'être les seuls gardiens de leurs fortifications.

Il y avait en 1693 deux bataillons du régiment du Roi en garnison à Abbeville. Les soldats avaient commis plusieurs désordres en sortant par les brèches, arrachaient pour faire du feu les fraises et palissades des fortifications, et sous prétexte que les habitants avaient aussi contribué à ces dévastations montant au chiffre respectable de 2,700 livres, on avait fait payer à la ville les deux tiers des dégâts. Arrivant un nouvel hiver, M. de St-Pierre, commandant de la ville et M. de Puységur, lieutenant-colonel du régiment, avaient proposé que les brèches des remparts seraient gardées par leurs soldats au lieu des milices bourgeoises, moyennant quoi ils se chargeraient de tous les dégâts qui pourraient être commis. Mais comme les habitants avaient eu seuls jusqu'alors la garde des portes et des remparts, ces propositions parurent attentatoires aux droits et privilèges de la ville ; le maïeur ne crut pouvoir les accepter sans prendre préalablement l'avis du corps de ville qui, le 28 novembre 1693, délibéra qu'il y avait lieu, pour prévenir les désordres de l'année précédente, d'accepter les offres de MM. de St-Pierre et de Puységur de faire garder par les soldats les brèches des remparts, en stipulant toutefois que les habitants conserveraient nuit et jour la garde des portes et sans que cette décision puisse préjudicier aux droits et privilèges de de la ville. (Arch. munic., EE. 113).

Le nouveau gouverneur fut donc fort mal reçu dans Abbeville et de graves difficultés ne tardèrent pas à s'élever entre lui et les principaux magistrats.

Mme de la Rodde fut la cause du premier et du plus grave de tous ces conflits Cette dame que les documents émanés de la municipalité nous peignent comme étant d'un caractère fort difficile, avait eu, dès son arrivée, des difficultés avec M. du Maisniel de Buissy, président du siège présidial, une des premières autorités de la ville. Pour venger sa femme, M. de la Rodde eut recours à un procédé auquel on aurait peine à croire, si le fait n'était consigné dans deux placets adressés au Roi à différentes époques et qui se trouvent aux archives de la ville (EE. 108). Il fit enlever M. de Buissy dans sa maison par un détachement de trente officiers de la garnison et le fit ignominieusement conduire en prison.

Aussitôt la ville tout entière prit, et avec raison, parti contre M. de la Rodde. On envoya au Roi un placet contenant le procès verbal des faits; pareil envoi fut fait avec lettres à l'appui par le procureur de ville à Madame Isabelle d'Orléans duchesse de Guise, à M. le chancelier et à M. le marquis de Chateauneuf. La princesse prit particulièrement l'affaire à cœur.

« La violence faite au premier officier du présidial, écrivait-elle d'Alençon, le 23 septembre 1694, à M. de Chateauneuf, est si étrange que je ne puis me dispenser d'y prendre un fort sensible intérêt. Il me semble que les soldats d'un commandant en une ville ne lui sont pas donnés pour investir la maison du président et, sous le faux prétexte d'un ordre du Roi, faire déchirer ses habits devant tout le monde, voler son argent et le traîner par force dans la prison ; et tout ce vacarme s'est fait uniquement pour contenter la colère d'une femme. Je suis persuadée que vous me ferez bien la justice d'informer pleinement le Roi de la vérité. J'espère tout de l'honneur de sa protection et je souhaite toujours avec autant d'ardeur les occasions de vous rendre service. »

La réparation fut du reste éclatante. Le Roi ordonna à M. de la Rodde de mettre en liberté M. de Buissy et de se transporter en sa maison pour lui demander excuse en la présence de M. Bignon, intendant de la province.

Dès lors, les rapports commencés sur un tel pied d'hostilité ne firent que s'aggraver et les discussions entre les deux pouvoirs reprirent chaque année sur des sujets d'importance différente et souvent même futile Nous les trouvons relatées dans un long placet adressé en 1698 par les maïeur et échevins au secrétaire d'Etat, M. le marquis de Chateauneuf :

Depuis quarante ou cinquante ans, il s'était fait, par suite des curages, un atterrissement d'environ quatre pieds de largeur entre le fossé des fortifications et le rempart depuis la porte Saint-Gilles jusqu'à la rivière de Somme ; l'administration municipale avait fait planter sur cet atterrissement des espaliers dont l'entretien avait été d'abord confié à André Lefebure, officier aide major de la ville, puis au sr Pierre Sanzel, un des sergents de la ville et elle avait fait pour cela une dépense de 150 livres. Les arbres produisaient bien et jamais MM. de la Vercantière et de St-Pierre n'y avaient prétendu, « se contentant de l'honnesteté qu'on leur faisait de temps en temps de leur présenter des fruits desdits espaliers, » quand M. de la Rodde eut une autre prétention : à peine les fruits avaient-ils commencé à mûrir qu'il se rendit d'autorité maître de l'atterrissement et les y fit enlever de force. Plainte fut alors adressée à M. de Chateauneuf, dans laquelle on invoqua les meilleures raisons en faisant valoir que ce jardin était l'œuvre de la ville, que les espaliers n'endommageaient pas les remparts qui, au dire de l'ingénieur Robelin, étaient en cet endroit les mieux entretenus de l'enceinte ; que M. de la Rodde prétendait à tort que l'occupeur du jardin avait pour y pénétrer la clef d'une tour par laquelle il pouvait entrer en ville ou en sortir nuitamment ; l'on faisait remarquer enfin (ce qui se trouve invariablement dans tous les documents de cette époque) la pénurie des finances municipales et on suppliait le Roi de remettre la ville en possession de ce jardin productif et de faire defense à M. de la Rodde de la troubler dans sa possession.

La réponse se fit longtemps attendre, ce ne fut que le 10 septembre 1712 que, sur une nouvelle prétention de M. de la Rodde de jouir des herbes du rempart, des chemins couverts et des pièces détachées ainsi que de la pêche des fossés, le Roi répondit que le gouverneur n'y avait aucun droit, mais qu'il pouvait continuer à jouir du jardin et des espaliers en question puisqu'on pouvait le faire détruire quand Sa Majesté le jugerait à propos.

M. de la Rodde venait d'être confirmé pour trois ans dans son commandement (28 mai 1696) quand une nouvelle mesure vint inquiéter les Abbevillois. Un édit du mois d'août 1696 créait des offices de gouverneur dans toutes les villes closes du royaume, parmi lesquelles Abbeville se trouvait comprise. Les maïeur

et échevins protestèrent contre cet édit dont le prétexte était, disaient-ils, de donner un commandant aux
officiers de milice bourgeoise créés en 1694. Ils rappe-
lèrent, bien entendu et pour la centième fois, toutes
les exemptions de gouverneur dont ils avaient été
gratifiés depuis l'accord de 1328, firent valoir que
l'édit ne s'appliquait pas à une place de guerre telle
qu'Abbeville ; que le commandant qui y résidait ne
devait pas y rester pendant la paix, le maïeur devant
être alors rétabli dans ses fonctions de commandant ;
que l'importance militaire de la ville était trop considérable pour qu'on y établit « des gouverneurs hérédi-
taires parce que la capacité ne se trouve pas toujours
au hasard de la naissance » ; enfin que le maire était
seul, en temps de paix, commandant des milices bourgeoises, « ce qu'on a bien scu luy faire valoir lors de
son acquisition dont le prix est de 50,000 livres qu'il a
financé pour jouir des fonctions de gouverneur sous
le titre de Maire » et que c'était à cause de ces fonctions de sa charge qu'il l'avait achetée « 30,000 livres
plus cher qu'il n'aurait fait s'il n'avait pas cru en
jouir » (Arch. munic., EE. 128).

Le Roi répondit favorablement à cette requête ;
sur le rapport de M. Le Peletier de Sousy, il décida
qu'il ne serait pas établi de gouverneur dans la ville
parce que dans son royaume, disait-il, il y avait trois
villes qui avaient le même droit, savoir : Bordeaux,
Toulouse et Abbeville, « que la première avait payé
beaucoup de finance, mais qu'elle avait eu peu de
fidélité ; que la seconde avait toujours eu beaucoup de
fidélité, mais peu de finance, mais qu'Abbeville avait
l'un et l'autre. »

Le maïeur était délivré de la crainte de voir un gou-

verneur perpétuel lui enlever ses plus chères attribu-
tions, mais M. de la Rodde n'en restait pas moins, et
pour longtemps encore, gouverneur temporaire et les
rapports devenaient de plus en en plus tendus entre
les autorités civiles et militaires. Chaque année voit
naître au moins un conflit que nous trouvons exposé
dans le placet déjà cité du 23 février 1698 pour demander le renvoi « des s^r et d^e de la Rodde. »

En avril 1696, lors du passage du roi d'Angleterre,
les maire et échevins avaient mis un corps de garde
bourgeois pour garder l'illustre voyageur. Au pré-
judice des droits et possession qu'ont toujours eu
les habitants d'avoir les postes d'honneur sur les
troupes, M. de la Rodde fit lever ce corps de garde et le
remplaça par un lieutenant des cavaliers du Royal-
Allemand qu'il avait fait mettre à pied pour la cir-
constance. La conduite de M. de la Rodde fut blâmée
par le Roi, comme il résulte d'une lettre de M. de
Chateauneuf du 3 mai 1696.

A la fin de la même année et pour fatiguer les
habitants, le gouverneur fit, à défaut de garnison,
escorter quelques charettes contenant de l'argent par
un capitaine de bourgeoisie avec trente hommes de
sa compagnie jusqu'à cinq lieues de la ville, plutôt que
de commander des archers pour ce service, ainsi qu'il
se pratiquait toujours en pareil cas ; les habitants
s'étant plaints au Roi, M. de la Rodde fut blâmé et
reçut ordre de ne pas récidiver.

Le 26 décembre 1697, les maire et échevins avaient
envoyé à M. le marquis de Barbezieux un paquet de
lettres contenant une information qu'ils avaient faite
contre plusieurs officiers du régiment de Zurlauben
qui avaient « forcé » la garde bourgeoise. Le gouver-

neur, au lieu de protéger les habitants dans une occasion « si criante » et voulant au contraire favoriser les officiers envoya faire défense au maître de poste de faire partir le paquet qu'il voulut même se faire remettre. Heureusement le maire eut connaissance de la chose et somma le directeur de la poste de lui remettre le paquet qu'il dut faire envoyer par un exprès à l'Intendant d'Amiens qui le fit tenir à M. de Barbezieux.

Enfin les habitants se plaignaient encore de ce que M. de la Rodde ne leur avait jamais rendu justice sur les plaintes qui lui avaient été portées au sujet des insultes et mauvais traitements qu'ils avaient essuyés de la part des troupes pendant la guerre, quoique c'eut été le principal motif de son commandement ; on faisait enfin valoir qu'il fallait lui payer une indemnité de logement de 500 livres avec d'autres frais et le placet se terminait, en ce qui regardait M. de la Rodde, par l'inévitable exposé de la pénurie des finances de la ville.

Le gouverneur n'était pas seul visé dans les plaintes adressées au Roi ; nous avons déjà vu la fâcheuse intervention de Mme de la Rodde dans l'incroyable affaire avec le président do Buissy, et cinq ans plus tard elle n'avait pas su conquérir le cœur des Abbevillois.

Enfin, dit le placet, « tous les habitants ont tout lieu de se plaindre de Mme de la Rodde qui insulte journellement les personnes les plus sages et les plus distinguées de la ville ; elle en est venue depuis peu à des injures et à des extrémités si grandes avec Mme la comtesse de Melun, de la maison de Rohan et d'Espinoy et avec Mme de Glisy dont le mari a été maître de camp qu'à l'égard de la première, led. s^r de la Rodde a reçu une lettre de la cour qui blâme fortement la conduite de lad. dame, et que Mme de Glisy en a porté sa plainte devant Messieurs les Maréchaux de France qui ont donné ordre au prévôt des Maréchaux d'Amiens d'en informer.

« Ladite dame de la Rodde s'étant fait des affaires toute sa vie avec toutes les personnes qu'elle a vues, on pourrait ici ajouter plusieurs autres sujets de plainte, mais la crainte d'être trop long oblige de les supprimer dans la confiance qu'ont les Maire, Echevins et habitants, que ce qu'ils viennent ici d'observer doit suffire pour faire connaître à Sa Majesté le plaisir sensible qu'elle leur fera en rappelant lesdits s^r et d^e de la Rodde et en rétablissant la ville dans tous ses privilèges et exemptions. »

Une heureuse occasion permit au Roi de satisfaire en partie à la supplique des habitants d'Abbeville. Le traité de Ryswick venait d'être signé et la paix était rétablie. Il rappela M. de la Rodde. Mais ce dernier n'était guère, comme on dirait maintenant, qu'en congé. Quand la guerre recommença, en 1703, M. de la Rodde revint à Abbeville où il fit le bonheur des habitants jusqu'en 1720. Nous n'avons plus guère de documents pour savoir si la paix se fit entre lui et le corps de ville, ce qui laisse supposer que les rapports devinrent moins tendus. La municipalité s'était-elle volontairement résignée ? M. de la Rodde avait-il eu une attitude moins provocante ? Nous ne le savons. Peut-être aussi, la peu aimable épouse du gouverneur était-elle morte dans l'intervalle ?

Le 26 octobre 1720, le Roi nommait M. de Melun, gouverneur d'Abbeville en remplacement de M. de la Rodde ; cette nomination, disait-on encore, n'était faite que pour peu de temps. Mais alors la France était en paix et les Abbevillois savaient comment il fallait entendre cette promesse. Le gouverneur faisait maintenant partie de leur ville et le maïeur devait se résigner à l'abandon de ce fameux droit de commandement qui existait encore sur le papier, mais qui en fait n'était qu'illusoire.

OBSÈQUES

DU

VICOMTE DE MELUN

(1739)

Le mercredi 21 août, sur les quatre heures du matin, décéda à Abbeville, après une longue maladie de six mois et cinq jours, très haut et très puissant seigneur Monseigneur Gabriel, Vicomte de Melun, né prince d'Epinoy, Connétable héréditaire de Flandre, Lieutenant général des armées du Roi, commandant pour Sa Majesté en la ville d'Abbeville. La nouvelle en fut annoncée par le son des cloches de l'église St-Gilles, sa paroisse, de la collégiale de St-Vulfran et de tous les couvents d'hommes et de filles. Messieurs les Maire et Echevins, après avoir tenu conseil, firent aussi sonner au beffroi, et le soir on sonna également dans toutes les paroisses de la ville et des faubourgs, ce qui fut continué jusqu'au dernier jour du service.

Le 22, le corps après avoir été ouvert fut mis dans un cercueil de plomb et ensuite exposé sous un dais dans une chambre de son hôtel [1] entièrement tendue de noir et ornée d'écussons ainsi que l'escalier. Le

1. L'Hôtel de Melun situé rue Boucher-de-Perthes, est maintenant la maison occupée par M. Huré, notaire.

cercueil était élevé de trois à quatre degrés garnis de chandeliers d'argent avec des cierges toujours allumés. Au bas des degrés étaient l'épée du défunt avec son fourreau mis en croix, son Saint-Esprit, son casque, sa cuirasse et son étendard, chacun avec un crêpe. Sur le corps, il y avait une couronne de comte en argent et devant une chapelle couverte de noir avec des cierges constamment allumés. Il était libre à chacun d'y aller voir et prier pour le défunt : la porte de l'hôtel était gardée par ses gardes de bois et par quelques archers.

Toutes les communautés de religieux vinrent séparément avec leurs croix chanter les vêpres des morts dans la chambre où était le corps du défunt, ainsi que deux chanoines de St-Vulfran délégués par le chapitre pour la même cause. Ils étaient reçus à la porte et reconduits par l'Intendant du défunt et celui de Madame sa fille.

Le 25, à six heures du soir, on transporta le corps en l'église St-Gilles, sa paroisse, et la marche du convoi se fit dans l'ordre suivant : les confrères de la Charité avec leur maître des cérémonies ayant un chapeau garni d'un crêpe et les deux recommandeurs aussi vêtus de noir, soixante pauvres de l'hôpital vêtus de noir et portant chacun un flambeau blasonné, les gardes de bois du défunt avec leurs casaques rouges et leurs bandoulières ayant chacun un chapeau et un crêpe, toutes les communautés de religieux, Cordeliers, Minimes, Capucins et Jacobins, avec un cierge à la main et précédés de leurs croix. Ensuite venaient tous les bedeaux des paroisses de la ville et des faubourgs, la croix de la paroisse St-Gilles escortée de deux abbés portant des chandeliers ; les prêtres et clercs de la ville et des faubourgs formant deux haies au milieu desquelles étaient les tambours de la jeunesse recouverts d'une pièce d'étoffe noire. Comme il n'y avait pas alors de garnison dans la ville, un détachement d'archers et deux compagnies de jeunesse formaient deux haies et escortaient le corps du défunt porté par six manœuvres vêtus de noir ; sur le corps pendaient les deux drapeaux de la jeunesse portés par leurs capitaines. Venaient ensuite l'intendant en long manteau noir portant la couronne du défunt et d'autres hommes vêtus de même portant son casque, sa cuirasse, son étendard et son Saint-Esprit ; puis, les prêtres et curé de St-Gilles, les chanoines de St-Vulfran et les moines de St-Pierre marchant ensemble et précédés de leurs croix et les gardes de Mgr le duc d'Elbeuf, gouverneur de Picardie. Le deuil conduit par Mgr le marquis de Chepy comprenait les nobles, Messieurs du Présidial et de l'Hôtel de Ville, les Elus et les Consuls avec leurs sergents ayant chapeaux et crêpes.

En entrant dans l'église St-Gilles, les canons des remparts tirèrent trois coups qui furent répétés à la sortie. Le corps fut placé dans le chœur sur un lit de parade tendu de noir couvert d'un ciel de même couleur, le tout orné d'écussons et de larmes et illuminé d'un grand nombre de cierges : après qu'on eut chanté l'office des morts, on porta le corps dans le couvent des religieuses de St-Dominique où il devait être inhumé. Le cortège formé dans le même ordre qu'à l'aller, sauf que les religieux et ecclésiastiques portaient des cierges allumés, alla par la rue Saint-Gilles et le Marché et comme le pont de Talance était barré, passa par la rue de l'Hôtel-Dieu, la rue de l'Isle, le rempart et la rue de la Portelette.

Arrivé devant l'église des religieuses de Saint-Dominique, le corps fut reçu par les Jacobins revêtus de chapes et, comme à St-Gilles, il fut placé dans le chœur sur un lit de parade ; après le *Libera* il fut inhumé dans le milieu du chœur devant le grand autel et on tira dans la tombe un nombre infini de coups de fusil. Le clergé, les religieux et le deuil se retirèrent ensuite au son de toutes les cloches de la ville qui n'avaient cessé de sonner pendant toute la marche de l'enterrement.

Le lendemain eut lieu le second service et la marche du cortège se fit dans l'ordre suivant : les bedeaux, les manœuvres, les gardes de bois, les archers, les tambours, les drapeaux et les compagnies de jeunesse, la couronne du Comte, son étendard, son Saint-Esprit, son épée, son casque et sa cuirasse ; le chapitre de St-Vulfran et les moines revêtus de blanc et avec leurs croix ; puis les gardes de Mgr le duc d'Elbeuf, le deuil, Messieurs du Présidial et de l'Hôtel de Ville, les Elus de Ponthieu et les Consuls.

M. de Melun a laissé par son testament 120 livres à chaque couvent d'hommes et de filles de la ville, à la charge de dire six messes annuelles. Il a donné son étendard à la plus ancienne des compagnies de jeunesse et la réception en fut faite par M. Duponchel, le plus ancien capitaine, du quartier d'Hocquet. Enfin, il fut si satisfait de l'exhortation que lui fit M. Belle-gueule quand il lui administra le sacrement de l'Extrême-Onction qu'il lui fit remettre un louis.

On a posé dans le chœur de l'église des religieuses de Saint-Dominique cet épitaphe recouvert d'une glace de Venise ; Ci-devant gît le corps de très haut et très puissant seigneur Monseigneur Gabriel, Vicomte de Melun, né prince d'Epinoy, seigneur de la Terre et Pairie de Domvast, Hellencourt, Tours, Cauroy et autres lieux, Connétable héréditaire de Flandre, Lieutenant général des armées du Roy, commandant pour Sa Majesté à Abbeville, dernier mâle de cette très grande [1], très ancienne et très illustre maison, décédé le XXI août M.D.CC.XXXIX, âgé de LXIII ans. Priez Dieu pour lui.

(D'après les manuscrits Siffait.)

ACTE D'INHUMATION DU VICOMTE DE MELUN

Aujourd'hui ce vingt-cinq aoust mil sept cent trente neuf, a été inhumé très haut et très puissant Seigneur Monseigneur Gabriel vicomte de Melun, né prince d'Epinois, connétable héréditaire de Flandres, lieutenant général des armées du Roy, Chevalier de l'ordre Roial et Militaire de Saint-Louis et commandant pour sa majesté en cette ville d'Abbeville, en notre monastère ou plutôt en l'église du mónastère des Religieuses de St-Dominique de la susdite ville, par moi frère Pierre Dupuis, supérieur dudit monastère, lequel étant

1. Il avait épousé sa nièce, fille unique de son frère ainé dont il n'eût qu'une fille. Louise Elisabeth de Melun. Celle-ci épousa en premières noces son cousin Jean-Alexandre-Théodore de Melun, prince d'Epinoy dont elle eut deux filles et en secondes noces le marquis de Lanjac, gentilhomme auvergnat dont elle eut trois filles.

mort et décédé le vingt-deux aoust cette inhumation a été faite en présence de très haut et très puissant Seigneur Messire Nicolas de Monchy, marquis de Senarpont ; et de très haut et très puissant Seigneur Nicolas de Blottefrère, Marquis de Vauchelles, lieutenant du Roy en Picardie et mestre de Camp de Cavalerie, de très haut et puissant Seigneur Messire Nicolas de Grousse (*sic*), Marquis de Chepy, maréchal des camps et armées du Roy, Commandeur de l'ordre Saint-Louis, de très haut et très puissant Seigneur Messire Alexandre Comte de Monchy, de très haut et puissant Seigneur Alexandre-René-Louis-Joseph de Monchy, Comte de Senarpont, de très haut et puissant Seigneur Messire Louis de Desessars, Chevalier et de très haut et puissant Seigneur Messire René-Alexandre de Fontaine, Comte de Vairy, de très haut et puissant Seigneur Messire Dubois, Chevalier compte de Boues (*sic*) et de très haut et puissant Seigneur Messire Henry de Raincheval, Chevalier, tous parents et alliez de l'illustre deffunt monseigneur le Vicomte de Meleun, qui ont signés avec nous supérieur du susdit monastère le même jour.

Signé : F. P. DUPUIS, supérieur, MONCHY-SENARPONT, L. M. DE VAUCHELLE, ETC.

PASSAGE DU DUC DE CHARTRES

A ABBEVILLE

3 Juillet 1741

Sur l'avis que l'on eut que Monseigneur Louis-Philippe d'Orléans, duc de Chartres, fils unique de Monseigneur Louis, duc d'Orléans, devait passer par Abbeville à son retour de Flandre, chacun se disposa à le recevoir comme il convenait à sa naissance. Les drapeaux des compagnies bourgeoises qui étaient usés furent remis à neuf, et, outre les quatre que Monseigneur l'Évêque venait de bénir à Saint-Georges, on en bénit deux autres, pour deux nouvelles compagnies, le jour de la Saint-Pierre, dans l'église de Sainte-Catherine.

Le dimanche 2 juillet, à huit heures du matin, se fit sur la place Saint-Pierre l'assemblée générale des huit compagnies de la jeunesse, et à deux heures l'assemblée des seize compagnies de bourgeois.

Le lendemain, 3 juillet 1741, jour de l'arrivée du duc de Chartres, tout le monde prit les armes l'après-midi. Les milices, qui étaient pour lors la seule garnison d'Abbeville, furent placées en double haie à partir de la porte Marcadé, puis les compagnies de jeunesse qui allaient jusqu'à la porte Comtesse ; les compagnies d'hommes formaient la haie jusqu'à la maison de

M. Van Robais, chaussée d'Hocquet, où le duc devait loger, de telle sorte que les hommes avaient le pas sur la jeunesse et celle-ci sur les milices. Les officiers de la bourgeoisie étaient vêtus de leurs plus beaux habits, et les sergents avaient des chapeaux galonnés d'or et l'habillement en proportion. On avait jeté du sable sur le pavé pour empêcher les chevaux de glisser.

Le prince, qui avait couché à Montreuil, arriva à Abbeville sur les sept heures du soir. Dès qu'il fut sur les glacis de la porte Marcadé, il quitta sa chaise de poste et trouva Messieurs de l'Hôtel de Ville, ayant à leur tête M. de Buissy, seigneur de Fontaine, premier échevin, ayant la tasse du maïeur à la place de M. Foucques de Bonval, maïeur, qui était alors à Paris. M. de Buissy lui adressa le compliment suivant : Monseigneur, Votre Altesse Sérénissime nous inspire le respect le plus profond et remplit nos cœurs de la joie la plus vive. Daignez, Monseigneur, regarder la ville d'Abbeville d'un œil favorable, et mettre sous votre protection les droits et les privilèges dont les Rois vos aïeux ont honoré et comblé ses habitants.

Ensuite le prince monta à cheval et le cortège se mit en route pour entrer en ville. M. Vaillant, major des portes, marchait le premier à cheval, suivi de M. Gaffé, grand prévôt, avec les archers deux à deux ; M. de Buissy marchait seul en avant du duc de Chartres qui avait à ses côtés le marquis de Boufflers, gouverneur de la Flandre, et le fils du marquis de Senarpont : ils étaient escortés d'une double haie d'archers. Puis étaient les seigneurs de la suite, les archers deux à deux, une vingtaine de chevaux de main et la chaise de poste traînée par huit chevaux.

Sur la porte Marcadé, on voyait les armes du prince surmontées d'une couronne de fleurs et d'un beau bouquet. Quand le prince entra dans la ville, toute l'artillerie fit un bruit merveilleux, ainsi que les cloches de toutes les églises avec leurs carillons. Toutes les fenêtres étaient garnies de monde que le prince saluait quand il y regardait, ce qui le força de tirer son chapeau et d'aller tête nue depuis le bout de la place Saint-Pierre jusqu'à la maison de MM. Van Robais.

Entré dans la cour de la maison, il trouva MM. Van Robais qui le complimentèrent, pendant qu'on faisait une décharge de quatorze pièces d'artillerie placées dans le jardin ; ensuite, il entra dans son appartement où il prit des rafraîchissements et, quelques minutes après, cinquante hommes de la jeunesse arrivèrent pour tenir la garde à la place des archers Le soir, la maison fut illuminée ; on voyait à la grille du jardin les armes du prince représentées en lumières. Le lendemain, à deux heures, la garde fut renouvelée par un nouveau détachement de la jeunesse qui établit son corps de garde dans un café vis-à-vis de l'hôtel.

Le 4 juillet, le prince alla à la messe en l'église Saint-Paul à la fabrique de laquelle il donna un louis de 24 livres; puis, étant revenu dans son appartement, il reçut le compliment que lui fit M. Toullet de Maison, chantre et chanoine de Saint-Wulfran, à la tête des chanoines et des chapelains, tous en grands manteaux; il reçut ensuite Messieurs du Présidial, de l'Élection et de la Justice Consulaire. L'après-midi, il devait visiter le Pâtis, ce qui donna l'idée à bien du monde d'y aller, mais il en fut empêché par son gouverneur à cause de la grande chaleur qu'il faisait. Il se contenta d'aller voir travailler les ouvriers de la manufacture, et d'aller au pont Rouge, d'où il rentra pour jouer au billard. Le soir, entre le souper et le dessert, on tira les quatorze pièces de canon : il y eut ensuite un fort beau feu d'artifice, tiré dans le jardin à l'entour du bassin et la maison resta illuminée pendant toute la nuit.

Le lendemain, 5 juillet, il entendit encore la messe à l'église Saint-Paul et, après son repas, monta dans sa chaise de poste pour retourner à Paris par Amiens. M. le maïeur à cheval et un détachement d'archers précédaient et escortaient la voiture du prince. Les milices sous les armes ainsi que la jeunesse formaient une double haie, les milices le plus près de la porte du Bois et la jeunesse à partir de la maison de MM. Van Robais. M. le maïeur et les archers quittèrent le prince sur les glacis.

Il a donné aux sergents de ville 4 louis et à la garde de la jeunesse 12 louis; aux ouvriers de la manufacture 1,200 livres, savoir : 20 sols pour les hommes, 10 sols pour les femmes et 5 sols pour les enfants.

(Tiré des manuscrits Siffait.)

EXÉCUTION A ABBEVILLE

(1749)

Voici des détails singuliers et quelque peu répugnants sur une exécution faite à Abbeville en 1749. On y verra la différence des mœurs à cent ans d'intervalle.

Le jeudi 3 juillet, fut exécuté à mort le nommé Jean Housse, natif d'Airaines, âgé de vingt-six ans, pour crime de vol. Il ne voulut se convertir ni se résoudre à la mort, quoique de fervents religieux de plusieurs ordres et de pieux ecclésiastiques l'y aient exhorté ; et comme il ne voulut marcher à pied, on le jeta dans un charrette. Là, on le lia assis, puis le capucin et le bourreau étant montés avec lui, on le conduisit au marché où il fut placé sous la potence, à laquelle il y avait une poulie ; on y mit une corde qu'on attacha à son cou. On mit bien trois heures à l'exhorter à se convertir, ce qu'il ne voulut ; puis, le capucin étant descendu de la charrette, on enleva le condamné en l'air avec la corde et on le redescendit aussitôt. On l'exhorta de nouveau, mais il ne voulut entendre parler de conversion, refusant même d'embrasser le crucifix. Ce que voyant, Messieurs de la justice firent marcher la charrette il se trouva suspendu en l'air et fut aussitôt étranglé.

Son corps fut porté à la justice et attaché ; quelques jours après, des manœuvres le mirent en terre ; mais, comme le trou était peu profond, les chiens le retirèrent et le démembrèrent et on en trouva des débris jusque dans le marais de Menchecourt.

(Tiré des manuscrits Siffait.)

COMPLAINTE

SUR LA

MORT DE M. DE VALINES

(AIR DE LA DAUPHINE)

(1764)

Nous ne donnons pas cette complainte, qu'ont conservée les manuscrits Siffait, comme un modèle de poésie. Loin de là, et c'est à peine si on peut donner à son auteur le nom de rimeur. Mais elle ne manque pas d'un certain cachet et vaut peut-être bien les complaintes que l'on fait de nos jours sur certains criminels célèbres et avec lesquelles elle a plus d'un point de ressemblance.

Ah ! que ma douleur est profonde !
Je vais finir ma triste vie ;
Ma cruauté fut sans seconde,
Mais mes tourments sont infinis.
La Cour a parlé ; c'est fini :
Il me faut quitter le monde
Et Messeigneurs du Parlement
Ont prononcé mon jugement.

Tout tremble et frémit sur la terre
De mon effroyable attentat ;
J'ai empoisonné père et mère,
Je suis un perfide, un ingrat.

Ma sœur a devancé leurs pas
Par un poison très amer.
Comment peut-on, ô juste Dieu !
Commettre un crime aussi affreux ?

Pour jouir de grands héritages
Qu'avaient père et mère et parents
Je voulais, d'un cœur plein de rage,
Les mettre tous au monument.
Onze personnes dernièrement
Furent mortes, ah ! quel dommage !
Si le poison bien apprêté
Avait eu son funeste effet.

Mais Dieu, cet adorable maître,
Irrité de tant de forfaits,
Permit bientôt que l'on m'arrête,
Seulement étant soupçonné.
Père et mère furent déterrés ;
On me les fit comparaître
Avec le poison dans le cœur :
Sitôt, on m'en connaît l'auteur.

Que d'affliction, que de peines
J'ai souffert, voyant ces corps morts !
Faut-il me voir chargé de chaînes
Pour avoir désiré leur or ?
Ah ! que m'en eût-il servi alors !
Sinon à ma vie mondaine,
A boire, à courir, à jouer
Et à vivre dans l'impureté.

Hélas ! tel est de la jeunesse
L'affreux et pernicieux penchant !
Qui aime l'amour et l'ivresse
Périra malheureusement.
Je suis jugé au Parlement :
Que mon âme est en tristesse !
Je vais avoir le poing coupé,
Je serai rompu et brûlé.

O Dieu, créateur de mon âme,
Prenez pitié d'un malheureux
Qui va expirer dans les flammes,
Après tant de tourments affreux.
Jeunesse, ouvrez ici les yeux,
Quittez votre vie infâme,
Aimez, honorez vos parents ;
Dieu vous bénira en tous temps.

(Tiré des manuscrits Siffait.)

———————

SERVICES FUNÈBRES

A ABBEVILLE

POUR LA REINE MARIE LECZINSKA

(1768)

~~~~~~~~~~

La reine Marie Leczinska, femme de Louis XV, mourut à Versailles, le 24 juin 1768. En exécution d'une lettre du Roi du 25 juin, Monseigneur l'Évêque d'Amiens prescrivit, par un mandement, que des prières publiques seraient célébrées dans toutes les églises du diocèse pour le repos de l'âme de la reine. Elles eurent lieu à Abbeville comme il est ci-après raconté :

En exécution de ces ordonnances, Messieurs du Chapitre de Saint-Wulfran firent sonner, le 31 juillet au soir, les trois appels de mort ; il en fut de même à Saint-Pierre et au Beffroi de l'Hôtel de Ville. Le lendemain, on recommença les appels à Saint-Wulfran, à Saint-Pierre et au Beffroi, et à cinq heures, Messieurs de l'Hôtel de Ville s'étant assemblés à l'Echevinage, se rendirent à Saint-Wulfran, précédés d'une compagnie de la cinquantaine, la pointe du fusil en bas, avec les tambours et trompettes jouant en deuil. Ils se placèrent dans les stalles, ainsi que Messieurs du Présidial ; Messieurs de la justice consulaire se trouvaient au haut des degrés du côté de l'Evangile.
~~~~~~~~~~

Six sergents de ville, avec des torches allumées, étaient autour de la représentation. On chanta vêpres et vigiles des morts, sans orgue ni musique. Monsieur le doyen officia, et le chœur était régi par Messieurs les chantre et trésorier.

Le portail de l'église Saint-Wulfran était orné d'un drap mortuaire où il y avait trois blasons représentant les armes du Roi et de la Reine avec une couronne au-dessus accompagnés de deux palmiers, plus deux autres petits écussons avec le chiffre de la Reine en or sur fond noir. La nef était toute tendue de noir, comme il se pratique aux plus grandes funérailles, avec quatre blasons de chaque côté. L'autel de saint Nicolas était paré de ses ornements noirs. A la grille du chœur était un drap noir bordé de galons d'argent sur lequel on avait posé une peinture représentant un manteau d'hermine avec les armes de la Reine et une couronne, accompagné de têtes de mort et de larmes de papier argenté.

La représentation du mort était placée dans le chœur entre le lutrin et le chandelier pascal ; elle était élevée de trois degrés couverts de noir avec des blasons et éclairée de trente-huit chandeliers garnis de cierges : elle était couverte d'un drap mortuaire semé de têtes de mort et de larmes en broderie d'argent, et garni dans le bas d'une bande d'aumusses de chanoines. Au-dessus était un dais soutenu par quatre piliers garnis de noir avec des parements d'argent, et surmonté d'un plumet blanc et noir. Le chœur et le sanctuaire étaient garnis de noir à la hauteur des anciennes tapisseries, représentant la vie de saint Wulfran, qui se trouvaient cachées. Les corniches et le ciel des stalles des chanoines étaient garnis de cierges, qu'on n'osa allumer de peur d'incendie, et de huit blasons de chaque côté. L'autel de la châsse de saint Wulfran était couvert jusqu'aux châsses avec un drap mortuaire dont la croix était environnée de cinq blasons avec chandeliers d'argent. Le grand autel et le baldaquin étaient aussi couverts, à l'exception des quatre anges, ainsi que la corniche, les quatre colonnes et le gradin. Il y avait en tout 800 cierges.

Le lendemain, 2 août, on acheva dès le matin de couvrir de noir les six croisées basses qui accompagnent l'autel de la châsse, et on plaça un lustre de chaque côté du baldaquin. On enleva les cierges qui étaient au haut des corniches autour du chœur et on les mit à des fiches en bois en forme de chandelier, qu'on plaça sur le pavé autour de la châsse, ce qui fit un coup d'œil charmant. A dix heures, on sonna les appels de mort à Saint-Wulfran et au Beffroi : Messieurs de l'Échevinage furent avec le même cortège que le jour précédent à Saint-Wulfran, où s'étaient déjà rendus Messieurs du Présidial et de la Justice Consulaire. On chanta le service solennel, qui fut célébré par M. le Doyen : M. Tillette, le plus ancien chanoine, était en chape et servait de maître des cérémonies. La prose *Dies iræ* fut chantée alternativement par deux enfants de chœur et par le chœur ; les autres chants eurent lieu en musique.

Messieurs du Chapitre ont, de leur propre volonté, fait chanter un autre service solennel pour la Reine ; ils envoyèrent à cet effet un billet d'invitation aux principales personnes de la ville. Ce service fut chanté le 3 août, et il n'y eut rien de changé à ceux des autres jours, sinon qu'il y avait en double haie, depuis le commencement de la nef jusqu'au bout du chœur,

24 pauvres garçons de l'hôpital revêtus de brun, 24 pauvres filles du même hôpital vêtues de blanc, et 24 pauvres filles de l'hôpital Saint-Joseph, ayant tous un cierge à la main.

Les curé, marguilliers honoraires et en charge de l'église Saint-Gilles firent aussi chanter un service le dimanche 21 août. A quatre heures et demie on commença les appels. M. Leboucher de Richemont, Messieurs les receveur et marguilliers nouveaux et anciens s'étant assemblés rue de Larquet, chez M. Lefebvre du Grosriez, conseiller au présidial et ancien maïeur, furent en l'église Saint-Gilles où étaient 24 pauvres filles de l'hôpital, vêtues de blanc, et les confrères du Saint-Sacrement, avec leurs chaperons et des cierges allumés, faisant la haie depuis les orgues.

L'église était dans une décoration plus belle que n'avait été aucune autre. Le portail de la grande porte était tendu de noir depuis l'arcade jusqu'à la galerie ; au milieu était en peinture un blason d'une grandeur extraordinaire où l'on voyait, dans un manteau d'hermine, les armes du Roi et de la Reine, avec ces mots : *Sta, ora.* La nef et les bas-côtés étaient tendus d'étoffes noires parsemées de larmes, et de distance en distance étaient figurés un dard, un louchet et un pic, croisés et comme liés l'un à l'autre. Dans la nef, la tenture noire allait jusqu'à boucher complètement les arcades, et il y avait à droite et à gauche des blasons à manteaux éclairés chacun de cinq cierges ; plus quatre lustres et deux candélabres de bois doré à six lumières. La chaire était garnie de noir, ainsi que le ciel orné d'un grand blason aux armes de la Reine entouré de cierges ; la corniche de la grille était aussi couverte de noir parsemé de larmes et garnie de cierges.

La représentation était placée dans le chœur, à l'endroit du lutrin. Elle était élevée de cinq degrés parsemés de larmes, de fleurs de lys et de têtes de mort en papier argenté et illuminée de 44 chandeliers d'argent garnis de cierges ; à chaque coin se trouvait une colonne marbrée, sur laquelle était posée une pleureuse en plâtre de deux pieds de haut ; sur les degrés étaient aussi deux colonnes carrées avec un vase, au-dessus duquel étaient en relief un dard, un pic et un louchet, et quatre autres colonnes supportant les statues en argent de sainte Colette, sainte Catherine et de deux autres vierges ; au milieu, du côté de la grille, un petit enfant pleurait, ayant un mouchoir à la main. Le tout était surmonté d'un dais à quatre parements parsemés de larmes, avec un chiffre en or, et recouvrant la représentation du corps, couverte elle-même d'un riche drap mortuaire parsemé de fleurs de lys. Au-dessus du dais était encore un magnifique pavillon à quatre faces couvert de noir et soutenu à la voûte, orné de blasons à manteau, de têtes de mort, de fleurs de lys et de larmes ; on avait placé à la partie supérieure l'ange jouant de la trompette, qui est ordinairement au haut des petites orgues ; aux quatre coins de ce pavillon étaient des rideaux entrelacés de blanc et de noir dont les bouts étaient attachés aux piliers du sanctuaire.

Tout le sanctuaire ainsi que les deux chapelles, les vitraux, murailles et les trois autels étaient couverts de noir jusqu'à la voûte : le maître-autel était aussi entièrement couvert, le tout orné de larmes, de blasons à manteau et de blasons au chiffre de la Reine.

Le soir on sonna le réveil jusqu'à onze heures et le lendemain 22 août, on recommença à sonner les appels de mort. Le service eut lieu à onze heures en présence de Messieurs les marguilliers et autres personnes qui s'y étaient rendus dans le même ordre que la veille. Il fut chanté en musique par le maître de chapelle de Saint-Wulfran, tous les musiciens du Chapitre, deux serpents et une basse de viole. La cérémonie ne se termina qu'à une heure et les marguilliers furent reconduits chez M. Lefebvre du Grosriez.

Depuis le matin jusqu'à l'heure du service, l'église était gardée par six archers qui laissaient entrer le bas-peuple venu en foule pour admirer la décoration.

(Tiré des manuscrits Siffait.)

LE
PRIEURÉ DE SAINT-PIERRE

SA RECONSTRUCTION

(1770-1777)

Des travaux considérables furent faits de 1770 à 1777 au prieuré de Saint-Pierre. L'église s'écroula en partie et on dut la rebâtir complètement, en même temps que la plus grande partie du couvent. Les annalistes d'Abbeville n'ont eu garde d'oublier un fait aussi important, et nous ont conservé pour ainsi dire le journal des travaux depuis l'éboulement du premier pilier jusqu'à la rentrée des religieux dans la nouvelle église, qui est maintenant la chapelle du couvent des Ursulines. Le récit des travaux est précédé de la description détaillée de l'ancien couvent, dont l'abbatiale seule devait rester debout : c'est cette description et ce journal des travaux que nous reproduisons, en conservant autant que possible le style employé par l'auteur des *Manuscrits Siffait*, et en ne le corrigeant que dans ce qu'il a d'obscur ou de trop peu grammatical.

I. — *Description du Couvent.*

Deux parties principales formaient le prieuré de Saint-Pierre : l'église (16)[1] et les bâtiments conventuels. Au centre de ceux-ci se trouvait le cloître (7), ayant 60 pas de longueur sur chaque côté et 8 pas de largeur. Au milieu était une pyramide de pierre de taille (26) où était représenté saint Pierre à genoux, en prière ; le reste était garni de buis en dessin. Tout autour de ce cloître se trouvaient les bâtiments suivants :

Sur la partie qui regardait le jardin potager (22) et la fontaine Saint-Pierre (23), étaient : la place qui servait à mettre les provisions de bois (1) ; une allée de 7 pas de largeur sur 14 de longueur, qui menait du cloître au jardin (2) ; la salle de 14 pas au carré, dans laquelle on exposait les religieux morts (3) ; la chapelle du Saint-Sépulcre (4), longue de 18 pas et large de 8, qui était, comme les salles précédentes, sous voûtes soutenues parfois par de fins piliers de marbre ; puis ensuite la chapelle de Notre-Dame de Pitié (5). Cette chapelle, longue de 34 pas et large de 14, communiquait avec le cloître et par un escalier de 8 pas, qu'il fallait monter, avec la grande église : elle était voûtée en pierres blanches, soutenues par deux piliers en marbre noir ; au milieu de l'autel adossé contre la muraille, était en relief une Notre-Dame de Pitié, accompagnée de deux tableaux représentant saint Benoît et sainte Scholastique, et de deux statues de saint Jean l'Évangéliste et de sainte

1. Voir le Plan.

Agnès, le tout garni de sculptures dorées ; près de la porte communiquant avec l'église, était une statue de saint Roch, et contre la muraille on voyait plusieurs épitaphes avec tableaux représentant ceux y dénommés ; il y avait de chaque côté deux bancs sur lesquels s'asseyaient les religieux, quand ils chantaient l'office de Notre-Dame de Pitié. A côté de cette chapelle, se trouvait (6) une petite allée où était l'escalier conduisant au dortoir, qui se trouvait au-dessus des pièces que nous venons de citer. Cette partie avait été refaite à neuf vers l'an 1630, par les ordres de M. Louis de Machault, prieur commandataire, dont on voyait les armoiries au haut des fenêtres qui étaient du côté du cloître.

Sur la partie opposée à l'église, et regardant vers la rue Babos, étaient : l'appartement des hôtes ou du Chapitre (8), large et long de 12 pieds au carré, près duquel était un escalier (9) qui conduisait au grand réfectoire (10), haut comme une église, avec vitraux garnis de plomb et une chaire de lecteur, et qui mesurait 28 pas de longueur sur 16 de largeur ; à côté était le petit réfectoire (11), large de] 10 pas où mangeaient les religieux, quand ils n'avaient pas de compagnie ; puis la cuisine (12), large de 8 pas, et beaucoup trop petite depuis qu'on l'avait diminuée du petit réfectoire, car avant la création des prieurs commandataires, il n'y avait que le grand réfectoire.

Sur les deux autres côtés du cloître, il n'y avait pas de bâtiments claustraux : on avait seulement adossé une grange (21) contre l'un d'eux ; l'autre était contigu à l'église dont nous allons maintenant parler.

A l'une des extrémités du cloître se trouvait le clocher (14), auquel on arrivait par un petit passage (13), et qui était séparé de l'église par une grande cour (15), plantée de 28 tilleuls, qu'on appelait l'âtre Saint-Pierre.

Les dimensions de l'église étaient les suivantes : depuis le chevet jusqu'à la grande porte en dedans, non compris le porche, 56 pas, dont 28 pour le chœur et 28 pour la nef ; les bas-côtés avaient chacun 28 pas de longueur sur 8 de large ; la largeur de la nef et du chœur était de 18 pas.

Toute l'église, et même les bas-côtés, disent les annalistes, est voûtée en pierres blanches ; la grande allée est très haute ; la voûte en est magnifique, principalement à son chevet où, avec les hautes fenêtres qui l'éclairent, elle passe pour un chef-d'œuvre de l'art. Au milieu de la nef est un petit clocher ou flèche qui sert à sonner l'office aux entrées du chœur, les messes basses et l'extrême-onction. Il est à croire que cette belle église a été jadis couverte en ardoises, mais depuis un temps immémorial elle a été couverte en tuiles, qui n'ont pas peu servi à l'écraser par leur pesanteur ; c'était sans doute pour ménager les dépenses qu'auraient été forcés de faire les prieurs commandataires.

A l'un des coins du chœur (25), est une petite tour avec entrée par l'église et par le jardin, dont l'escalier conduit jusqu'au comble des bas-côtés ; de là on va à une autre tour qui est au portail, entre les deux croisées non achevées, et par un passage sans appui au-dessus de la muraille, on gagne une fenêtre par laquelle on arrive au-dessus de la voûte de la nef.

Au-dessus de la grande porte de l'église est, intérieurement, une galerie en bois sculpté à laquelle on monte par un escalier de pierre pratiqué dans l'épaisseur de la muraille ; au-dessus de cette galerie est un tableau très estimé, représentant le Sauveur attaché à la croix entre deux voleurs, entouré de nombre de bourreaux et de soldats, avec sa mère et saint Jean debout à ses côtés.

Le chœur de l'église est fermé d'une grille de fer, mise vers 1750 par Dom de Buissy, prieur claustral du couvent, dont elle porte les armes ; elle remplace une grille en bois fort simple qui existait auparavant ; aux deux côtés, et pour joindre les piliers, est une boiserie en sculpture, faite par les mêmes ouvriers que ceux qui ont travaillé à la boiserie de l'église des RR. PP. Cordeliers ; au milieu de chaque côté sont des tableaux représentant saint Pierre guérissant un paralytique à la porte du Temple, et la conversion de saint Paul. Derrière ce lambris et le long de la muraille sont les stalles hautes et basses, presque aussi longues que celles de Saint-Vulfran, mais beaucoup plus anciennes ; elles ont un dossier en lambris, mais point de ciel. Puis ensuite est un beau lambris en sculpture qui entoure la muraille derrière l'autel, et qui a été fait à deux reprises, en 1725 et 1745 ; ce lambris couvre un petit endroit, fermé d'une grille de bois, qui devait être autrefois une chapelle, et qui ne sert plus maintenant qu'à ranger les ornements de l'autel.

On monte un pas pour aller au sanctuaire dans lequel se trouve, aux pieds des marches du grand autel, du côté de l'Évangile, l'effigie de Gui II, comte de Ponthieu. Il est représenté en sculpture sur bosse sur une grande pierre de marbre noir où est son épitaphe en vers latins, faite par un prieur en 1237, plus de 120 ans après la mort du comte. Cette effigie n'aurait pas toujours été là, d'après ce qu'ont rapporté certaines personnes qui l'avaient vue dans le milieu de la nef [1]. Dans le chœur se trouvent encore plusieurs tombes de marbre noir dont les écritures sont en gothique, et notamment celle du prieur Dom Regnault le Fournier, qui vivait en 1340 et avait fait peindre le tableau du grand autel, représentant la vie et le martyre de saint Foillan. On y remarque encore la tombe de Dom Claude de Vert, prieur claustral dudit prieuré, trésorier de l'abbaye de Cluny, vicaire général de Son Éminence Monseigneur le Cardinal de Bouillon, visiteur de la province de France, qui trépassa le 2 mai 1708, et dont l'épitaphe est en caractères latins.

Le maître-autel (24) est à la romaine, mais sans anges adorateurs, orné d'une croix et de six chandeliers de cuivre faits en 1745 par le Sr Jean-Baptiste Roussel, fondeur à Abbeville. Cette croix et ces chandeliers ont été faits avec la fonte d'un grand chandelier à cinq branches qui était autrefois au milieu de l'église, devant le grand autel. Au bout d'une branche était l'effigie du religieux qui l'avait donné, Pierre de Lesac, prieur vivant en 1488, représentée à genoux, et à l'autre branche un saint Pierre ; entre eux étaient deux écussons avec les armes du donateur ; au-dessous se trouvait un pupitre tournant pour chanter l'épître et l'évangile (Note de M. de Bommy).

Le maître-autel, fait en 1750, en avait remplacé un autre beaucoup plus ancien, élevé de quatre degrés au-dessus du pavé, et dont voici la description : aux côtés de la table d'autel étaient deux tableaux repré-

1. Voir pour la description de cette tombe, *Topographie d'Abbeville* par E. Prarond, t. II, p. 215 et 216.

sentant saint Benoît et sainte Scholastique, le second
avec les armes du prieur qui l'avait fait faire ; ils
étaient continués par des rideaux de moquette sou-
tenus par des piliers de cuivre et qui allaient jusqu'à
la muraille. Au-dessus du gradin de l'autel était une
boîte en style gothique qui s'ouvrait, et au-dedans de
laquelle étaient sculptés la Passion du Sauveur, le
Crucifiement et la Descente aux limbes ; les tableaux
intérieurs des volets représentaient la vie de saint
Foillan, et quand elle était fermée, pendant le carême,
on voyait sur les côtés deux autres tableaux représentant l'Annonciation de la Sainte Vierge. Au-dessus
était le chef de saint Fursy, frère de saint Foillan,
dans un reliquaire de bois doré, ayant à ses côtés
deux châsses contenant, l'une, les reliques de cent
saints, et l'autre, deux gros os de saint Prix ; au-
dessus encore, était la chasse de saint Foillan, en
argent, datant de 1492 [1] et couverte les jours simples
de planches peintes en bleu et parsemées de fleur de
lys d'or ; à côté se trouvaient deux statues de saint
Pierre et saint Paul qu'on plaça aux piliers, près la
porte de l'église, quand l'autel fut fait à la romaine ;
à la même époque, on mit aussi toutes les reliques
dans la sacristie, à l'exception de la châsse de saint
Foillan qu'on replaça à la muraille du fond, contre le
lambris, sur une tablette soutenue par deux consoles
en fer.

Les quatre autres autels qui garnissaient le chœur

---

1. Cette châsse était faite en forme d'église à croisées, avec un
clocher au milieu : elle était couverte aux trois quarts de feuilles
d'argent : le reste était en bois argenté. En octobre 1778, des
voleurs pénétrèrent nuitamment dans la chapelle et enlevèrent
les feuilles d'argent ce qui détermina les religieux à faire une
nouvelle châsse.

de l'église étaient : l'autel du Saint Nom de Jésus (18,1), en menuiserie et sculpture non dorées, avec un tableau, dans le haut, du Saint Nom de Jésus et trois autres : un grand, représentant la circoncision de Notre-Seigneur Jésus-Christ et deux autres plus petits de saint Jean-Baptiste et de sainte Agnès ; l'autel de saint Odon (18,2), en menuiserie et sculpture non dorées ; au lieu de tableau du milieu on voyait une Annonciation sculptée en pierre dans un appartement avec une cheminée à crémaillère et un petit ménage, et aux deux côtés étaient des statues de bois hautes de cinq pieds, représentant saint Odon et saint Hugues, tous deux avec la mitre et la crosse ; au-dessus de l'Annonciation, il y avait un petit cadre rond avec un Saint-Esprit ; l'autel de saint Benoît (17), adossé à la sacristie (20) en grande menuiserie avec sculptures dorées, avec un grand tableau représentant saint Benoît ressuscitant un enfant à la porte du monastère, et au-dessus, une statue du même saint, dans une niche ; et l'autel de Notre-Dame de Bonne-Nouvelle (19), décoré d'une sculpture dorée, avec un petit tableau de l'Annonciation, surmonté d'une statue de la Vierge avec l'Enfant Jésus devant elle, tous deux vêtus de petits damas ; la muraille de cette chapelle était recouverte d'un lambris de bois sculpté rempli de petits tableaux représentant la vie de la Sainte Vierge, et au coin de la chapelle de saint Odon était encore un statue de la Vierge avec l'Enfant Jésus, appelée Notre-Dame de Grâce.

Dans cette description détaillée du prieuré de Saint-Pierre, les annalistes ont omis de mentionner deux autres bâtiments qui avaient une certaine importance et se trouvaient sur l'emplacement occupé maintenant

par le jardin d'Émonville : c'étaient le bâtiment situé
sur la place où se trouvaient les deux portes d'entrée,
séparées par un pilier où était la statue de saint
Pierre, qui fut démoli en 1778 et remplacé par la
grand'porte existant encore aujourd'hui, et l'abbatiale
qui ne fut démolie que beaucoup plus tard et sur
l'emplacement de laquelle s'élève aujourd'hui le
musée du Ponthieu.

II. — *Reconstruction du couvent.*

Cette année 1770, Messieurs les moines du Prieuré
ayant toutes les approbations nécessaires et les fonds
suffisants pour faire rétablir leur couvent qui tombait
en ruines, délogèrent après les fêtes de Pâques. Le
prieur et le prévôt prirent ensemble leur demeure
dans un petit appartement du côté de l'église Saint-
Éloy, et firent bâtir une petite cuisine dans le jardin ;
le moine porteur de l'extrême-onction et un autre
logèrent sur la grande porte d'entrée, et les trois
autres religieux, dans un appartement situé entre
l'abbatiale et celui de M. Deroussen, receveur du
Prieuré.

Ensuite on abattit le couvent sans aucune réserve.
On trouva dans la chapelle de Notre-Dame de Pitié une
ancienne tombe au bas de l'autel, et après l'avoir
levée, on y découvrit les ossements de deux personnes
et une épée. Il n'y avait point de terre, mais un caveau
en maçonnerie de moëllons si étroit qu'il n'y avait
place que pour mettre un corps de front ; et comme
on trouva à l'un des bouts deux creux superposés
dans la maçonnerie, comme pour mettre deux têtes,

on supposa que les deux corps avaient été inhumés
de cette façon l'un sur l'autre. Les ossements étaient
bien entiers, mais les deux têtes un peu endommagées.
C'étaient les corps de Gui I, comte de Ponthieu, qui
avait fondé ce couvent en l'an 1100, et de sa fille Agnès
ou Mathilde, mais non pas de la comtesse Ade, son
épouse, qui était déjà décédée lors de cette fondation
et qui avait sa sépulture en l'église; il est à croire
qu'ils avaient été mis dans des cercueils de plomb
enfermés dans d'autres de bois, mais on ne trouva ni
bois ni plomb, qui avaient sans été doute consumés
pendant un si grand espace d'années. Ces ossements,
après avoir été plusieurs jours sur le pavé, furent
placés dans la sacristie où ils restèrent plusieurs mois,
ensuite on les enveloppa dans un morceau de tapisse-
rie et on les déposa dans le chœur, le long du mur.

Quand le tout fut abattu, on creusa les fondations,
et la première pierre fut posée le lundi 23 juillet, après
la grand'messe. Messieurs les moines étant sortis de
l'église en procession, passèrent sous le gros clocher
et allèrent dans la cour de l'abbatiale, d'où ils revinrent
aux fondations; là, et à 20 pas environ en deçà du
coin du mur qui commence près de la tour de l'église,
ils trouvèrent une pierre blanche faite en forme de
coffre dans laquelle on mit une plaque de plomb et,
après l'avoir posée à l'endroit où devait être sa
demeure, M. le prieur claustral y dit quelques prières,
puis y jeta de l'eau bénite et y mit du mortier; ensuite
le maçon lui présenta un plat de bouquets; il en prit
un ainsi que M. le prévôt et les autres religieux.
M. le prieur mit dans le même plat quatre écus de
6 livres, M. le prévôt, 15 livres, et chacun des autres
3 livres, ce qui fit en tout 54 livres; puis, au son de la

grosse cloche, ils retournèrent à l'église dans le même ordre, ayant tous leurs bouquets à la main.

Le toit de tuiles de la grande nef de l'église menaçait aussi ruine à cause de l'ancienneté de sa charpente ; il fut découvert après les fêtes de Pâques et on démolit la charpente et le petit clocher. Les deux petites cloches qui y étaient, avec quatre autres qui étaient dans le gros clocher, pour l'horloge, furent vendues 600 livres ; puis, on posa une charpente de bois neuf, mais qui n'était pas si droite que l'ancienne, et on ne refit pas le petit clocher. Comme il n'y avait pas de trappe à la voûte pour monter les bois, on abattit au portail le pignon sur lequel était posée la couverture, et on les monta par cet endroit ; en même temps on raccommoda au portail les dehors de la maçonnerie, et on remit des pierres où il en était besoin, le tout au rapport des experts qui, après visite, déclarèrent et signèrent au procès-verbal que l'église était encore bonne ; on abattit l'une après l'autre les deux ailes qui accompagnaient le portail, qu'on soutint par deux contreforts.

Celui du côté du couvent n'était pas encore achevé, et on venait de terminer la couverture en ardoises et les autres travaux de maçonnerie lorsque, le 24 octobre, pendant la messe, du chœur, on s'aperçut qu'il tombait des gravois sur le pavé de l'église. On en avertit les religieux et le prieur commandataire, qui était à Abbeville depuis huit jours, et on eut recours aux experts qui déclarèrent que le trumeau au-dessus du pilier de la chaire menaçait ruine et qu'il fallait l'ancrer. Aucune ferrure n'était encore posée lorsque ce même jour, sur les six heures trois quarts du soir, peu après que le serrurier Blondel en était sorti, ce trumeau tomba avec la partie de la voûte qui y était adossée et qui était en dehors de l'arc-boutant extérieur. Le bruit de la chute fut semblable à un coup de tonnerre, et on l'entendit de la Bouvaque. Il n'y avait heureusement personne alors dans l'église ; mais, le 26, deux jeunes gens étant venus dans l'église pour emplir une manne des moellons tombés de la voûte, il en tomba de nouveaux qui atteignirent l'oreille de l'un et la tête de l'autre ; on pansa ce dernier et, après lui avoir administré l'extrême-onction, on le conduisit à l'Hôtel-Dieu, où il mourut le lendemain.

Quand on eut retiré tous les décombres, on trouva la chaire entièrement brisée ; puis on perça une porte au chevet de l'église et on retira du tabernacle les saintes Huiles, qui furent portées en l'église de Saint-Éloy ; la châsse de saint Foillan fut descendue et portée, ainsi que les autres, qui étaient dans la sacristie au-dessous du gros clocher ; à partir de ce jour, les religieux allèrent chanter leurs offices dans l'église de Saint-Éloy.

Le dimanche suivant, 28 octobre, jour de la fête de saint Foillan, on sonna à midi une volée de la grosse cloche pour annoncer qu'on allait transporter toutes les saintes Reliques dans le couvent des Ursulines ; et pendant que les religieux chantaient leurs vêpres, le clergé des paroisses de Saint-Sépulcre, de Notre-Dame de la Chapelle et de Saint-Éloy, les Révérends Pères Capucins et la Confrérie des Agonisants s'assemblèrent dans cette dernière église. On en sortit après les complies dans l'ordre des processions générales ; M. le prieur commandataire officiait et Messieurs les teinturiers suivaient en habits de cérémonie. Quand la procession fut sous le gros clocher, où étaient les reliques, on les distribua, savoir : le chef d'argent où est le crâne de sainte Agnès, au Révérend Père gardien des Capucins, les petites châsses qu'on expose sur l'autel les jours solennels, aux curés de Saint-Éloy et du Saint-Sépulcre, le bras d'un évêque, au curé de la Chapelle. MM. les religieux se partagèrent les autres reliques, et M. le prieur commandataire prit la croix que l'officiant a coutume de porter aux processions générales ; les maîtres teinturiers, au nombre de douze, portaient la châsse de saint Foillan. Sitôt qu'on fut entré au chœur des Ursulines, on posa la châsse sur le grand autel et les autres reliques sur l'autel de Sainte-Ursule, puis on lut le procès-verbal du transport des reliques, qui fut signé des principales religieuses, de M. de Valois, curé de Saint-Jacques, leur supérieur, de M. Brailly, leur directeur, de M. le prieur commandataire, de tous les moines, des curés des trois paroisses et du gardien des Capucins. Quant aux reliques qui étaient sur l'autel avant qu'il fut arrangé à la romaine, elles furent, ainsi que les ornements et vases sacrés, portées aux Ursulines sans cérémonie. En voyant ce transport, les « spéculatifs » disaient qu'il y en avait bien pour dix ans avant qu'on ne rapportât ces reliques au prieuré de Saint-Pierre.

Au moment de cet accident, les religieux avaient eu le dessein de diminuer leur église, et avaient fait fermer de murs le bas-côté de l'autel de Notre-Dame de Bonne-Nouvelle, pour en faire une sacristie, et celui de l'autel de Saint-Benoît pour en faire un sépulcre. Ces travaux n'étaient pas encore achevés quand le trumeau tomba ; dès lors le travail fut cessé.

On manda de Paris deux experts qui, après visite faite, déclarèrent que l'église n'était pas raccommodable, et qu'il fallait l'abattre, ainsi que le clocher qui menaçait ruine à cause de sa caducité. Cela donna bien de la consternation aux religieux ; car ils avaient déjà dépensé 6 à 7,000 livres, tant pour la couverture en ardoises de la grande nef que pour divers travaux de maçonnerie. Les experts firent alors le plan d'une nouvelle église de 80 pieds de longueur, en une seule nef, et par conséquent sans piliers, avec deux enfoncements en avant du chœur pour mettre des autels et un clocher à côté du portail. Le chevet de cette nouvelle église devait être à l'endroit où était le portail de l'ancienne, et l'église tout entière sur le terrain de la cour plantée de peupliers, pour le portail être à la place de l'ancien clocher, de telle sorte que l'ancienne église devait être complètement démolie, même avec ses fondations.

On décida que la dépense serait faite par tous les couvents de l'ordre de Cluny, au prorata de leurs revenus ; et pendant qu'on attendait l'approbation du Roi pour commencer les travaux, on ôta les autels, stalles et lambris ainsi que les carreaux de pavage, et on fit dans la nef un beffroi de charpente pour de là monter aux combles. On trouva derrière l'autel de Saint-Odon une pierre sculptée, portant la date de 1217, ce qui prouve que, dès cette année, l'église était déjà bâtie, et si le P. Ignace, dans son *Livre des Maïeurs d'Abbeville*, dit que Charles, duc de Bourgogne, prit pour faire bâtir le château du Pont-Rouge, en 1471, les matériaux que le prieur avait amassés pour achever l'église, cela doit s'entendre que ce n'était pas pour terminer la partie commencée, mais pour achever la nef entre le chœur et le clocher.

Le jour de la Toussaint, une barre de fer cassa en sonnant la grosse cloche et elle ne fut plus sonnée depuis. A la même époque, les fondations des nouveaux bâtiments claustraux furent achevées, et le Roi ayant accordé aux religieux la coupe de réserve de leurs bois, on en fit, le 3 décembre, une adjudication qui monta à 36,000 livres.

En 1771, le nouveau prieur claustral, Dom Decœur, ne trouvant pas l'église commode pour chanter l'office, fut avec ses religieux en la chapelle du Saint-Esprit, à partir du quatrième dimanche de l'Avent ; mais il ne tarda pas à la trouver incommode à cause de son éloignement et, au commencement de 1772, on fit recouvrir, blanchir et décorer la chapelle de Notre-Dame de Bonne-Nouvelle, refaire les vitres et construire un corridor en charpente allant jusqu'à la porte de la rue.

Le vendredi 14 février 1772, pendant que les moines étaient à chanter l'office à la chapelle de Notre-Dame de Bonne-Nouvelle, il tomba quelque chose du plafond et, dans la semaine du 23 février au 1er mars, deux piliers de la grande nef de l'église, soutenant la voûte du bas-côté de la chapelle du Saint-Nom de Jésus et le coin du chœur, tombèrent en deux fois, ce qui amena la chute des croisées de la nef qui restaient avec leurs galeries, de toute la voûte de la nef, d'une partie de celle du chœur et de celle du bas-côté, de sorte que la nouvelle couverture restait comme en l'air. Le lundi 9 mars, on commença à ôter les ardoises, et le mercredi 18, la charpente de la nef tomba à trois heures après-midi, plus tôt qu'on ne pensait, car un moment auparavant, il y avait sur cette charpente onze ouvriers charpentiers et couvreurs qui, entendant le bois craquer, descendirent précipitamment. Ensuite on découvrit le chœur et on démonta la charpente ; puis, le 30 avril, on perça des trous à la muraille de la grande allée de la nef, du côté de la chapelle de Bonne-Nouvelle, au-dessus des piliers, et on y mit de la poudre avec une mèche allumée qui y mit le feu peu après ; ce côté étant ébranlé, on le jeta en bas jusqu'au cintre des piliers, au moyen d'un câble qui y était attaché. Le lendemain on mit encore de la poudre dans la voûte du chœur qui tomba entièrement par l'explosion : le reste fut abattu avec des pics, sauf la chapelle de Notre-Dame de Bonne-Nouvelle, dont on fit détacher la maçonnerie d'avec le reste de l'église et qui, ayant été recouverte à neuf, servit pour chanter les offices et dire la messe, qui y a été célébrée pour la première fois le jour de la Toussaint.

Au mois de mai 1773, on commença à enlever les terres qui étaient contre les fondations, aux endroits où on devait faire les caves, et on fit un grand amas de briques, qu'on n'employa pas cependant tout de de suite, parce qu'on attendait encore quelques approbations avant de commencer les travaux, ce qui n'eut lieu que le 24 mai. Peu après, on afficha aux carrefours de la ville que le mercredi 30 juin, à deux heures de relevée, il serait procédé à l'adjudication des ouvrages à faire pour la reconstruction de l'église, clocher et ténement du prieuré de Saint-Pierre et Saint-Paul d'Abbeville selon le devis qui en avait été fait, le prix devant être payé un tiers pendant les travaux, un tiers quand les ouvrages seraient finis, et un dernier tiers après la réception des travaux.

L'adjudication eut lieu dans la chambre de l'abbatiale, en présence de M. le prieur claustral, de M. le prévôt, de M. de Saint-Marc et quelques autres religieux, et encore de M. Dargnies de Fresne, avocat, bailli du prieuré, de M. Devismes, notaire, son procureur fiscal, de M. Flaman, greffier, de MM. Machy, Dufestel et Gaillard, procureurs, tous ces derniers revêtus de leurs robes d'audience. Il se présenta douze entrepreneurs tant d'Abbeville que d'Amiens et de Dieppe ; on commença à crier les travaux à 50,000 livres, et ils furent adjugés à M. Gaillard, procureur, pour une somme de 42,500 livres, à la charge de les faire conformes au devis qui avait été montré, de les garantir l'espace de vingt ans et de les livrer finis et parfaits pour le 1er septembre 1775, à peine de 1,500 livres de diminution. L'entrepreneur avait à sa disposition tous les matériaux provenant de l'église et du clocher pour les employer conformément aux avis de l'architecte. On croyait que M. Gaillard était chargé de la procuration d'un architecte étranger ; mais il n'en était rien, il avait agi seulement pour forcer les entrepreneurs à mettre un prix plus bas. Aucune autre offre ne s'étant produite dans les vingt-quatre heures, M. le prieur fit appeler les deux frères Puisson, maîtres maçons et leur proposa de prendre les travaux au prix de l'adjudication de M. Gaillard ; ils demandèrent vingt-quatre heures pour aviser, puis s'étant entendus avec le sieur Coulombel, ils vinrent le lendemain matin accorder le marché et signèrent l'acte tous les trois.

Le mercredi 21 juillet, les entrepreneurs ont commencé à faire tirer les décombres qui étaient dans l'église et dans la cour, que l'on transporta près de l'abbatiale, et commencèrent à abattre le portail de l'église ; le mercredi 11 août, on fit tomber le pilier du portail, et le second le samedi 21 ; puis on continua d'abattre les autres piliers et murailles qui étaient encore debout. Quelques jours avant la fête de l'Assomption, les moines avaient cessé de chanter leur office à la chapelle de Bonne-Nouvelle pour retourner en l'église Saint-Éloy et, pour leur commodité, avaient fait percer une porte à leur mur qui tient par un bout au portail de cette église ; on abattit ensuite la chapelle de Bonne-Nouvelle.

Le lundi 30 août, on descendit le coq du clocher et on commençait à enlever les ardoises quand, le mardi 7 septembre, on reçut une lettre de Mgr l'Archevêque de Rouen, chef de l'ordre de Cluny, qui n'approuvait point le plan de l'église et voulait qu'elle fût plus grande ; il faisait cela à la sollicitation des religieux qui, sur la représentation de quelques notables de la ville, voulaient agrandir leur église et faire casser le marché. Les entrepreneurs s'étant réunis, firent signifier par un huissier d'Abbevillle, qui alla exprès à Rouen, que Mgr l'Archevêque leur fit connaître et signifier quels droits il avait pour empêcher l'exécution du plan de ladite église et que, faute de ce faire, ils commenceraient les travaux suivant le marché qui avait été fait. Il ne leur fut pas répondu ; les religieux s'abouchèrent avec les entrepreneurs pour augmenter le prix et faire l'église plus grande, mais ils ne purent s'entendre et le marché consenti eut son plein et entier effet.

Pendant toutes ces allées et venues, on continuait toujours la démolition de l'église et du clocher ; pour faire tomber les voûtes du chœur, on avait fait de distance à autre des trous remplis de poudre où on mit le feu, ce qui fit tomber les voûtes d'elles-mêmes. Le jeudi 9 septembre, on descendit la grosse cloche, le lendemain la seconde et le surlendemain la troisième et la quatrième. Sur la grosse cloche, on lisait en écriture gothique : *Me fist Jehan Roussel. Marie Nicolas j'ay esté nommée par Dom Jehan du Tielt, sacristin de Saint-Pierre en Abbeville, qui me donna et fist faire l'an mil V^eXXVI. Priez Dieu pour luy.* Sur la seconde était une inscription gothique qu'on ne pouvait lire Sur la troisième, on lisait ce qui suit : *Sancta Barbara, ora pro nobis.* Enfin, sur la quatrième et plus petite, il y avait écrit : *Messire Pierre du Cambout de Coislin, évêque d'Orléans, premier aumônier du Roy, prieur de Saint-Pierre et Saint-Paul d'Abbeville : honorable homme Jacques Manessier, ancien échevin et ancien consul de cette ville, Françoise Rohaut, femme de honorable homme François Moisnel à présent consul en charge de cette ville... Me fecit Arnulphus Chapperon, vir arte fusoria peritus, 1685.*

Quand les ardoises du clocher furent levées et la croix descendue, on démonta la charpente que l'on descendit aussi au fur et à mesure, mais on ne toucha point cette année à la maçonnerie du clocher. Quant à l'église, elle fut complètement abattue et on enleva même les fondations ; on fit aussi les creux pour les fondations de la nouvelle église, mais on s'arrêta-là, car on était au mois de décembre. Les travaux des nouveaux bâtiments du couvent furent continués avec beaucoup de vigueur ; les corniches furent achevées de poser pour le jour de la Toussaint et on commença à poser la charpente, travail qui fut continué jusqu'à la fin de décembre. Le travail aurait encore été plus avancé cette année, si, à cause de l'explosion du magasin à poudre, un grand nombre d'ouvriers n'eût manqué.

En 1774, on continua les travaux. Au mois de février, les entrepreneurs firent faire dans le chantier un chaufour pour y cuire la chaux, qu'on délayait ensuite avec du sable. Le lundi 7 février, on commença à remplir les fondations qui furent comblées jusqu'à fleur du pavé de l'ancienne église ; il y avait 12 maçons et 20 manœuvres, et pendant ce temps-là on retaillait les vieilles pierres de l'ancienne église. Le jeudi 12 mai, on commença à abattre la tour du clocher jusqu'à la hauteur de 12 pieds en deçà de sa fondation. Le jeudi 3 novembre, le côté qui fait face au couvent fut achevé de couvrir et le portail fut fini quelques jours après. Les travaux du couvent ne marchèrent pas avec la même activité, car on manquait d'argent ; néanmoins on fit la couverture et on ferma ensuite toutes les croisées avec des planches.

En janvier 1775, on déblaya les terres et décombres qu'il y avait dans le jardin, près la fontaine, et on fit là un petit jardin potager clos de haies. Vers la fin do février, on commença à fermer la voûte de l'église et, au mois de mars, on monta la charpente du clocher, quoique la maçonnerie de la tour ne fut encore élevée que jusqu'aux glacis des plus hautes fenêtres. On abattit en même temps ce qui restait du vieux clocher.

La voûte de la grande allée de l'église fut finie le samedi 8 avril, et les hourdages étant enlevés, on la mit à l'air vers le 15 mai. Le 7 juin, la grosse cloche fut montée dans le clocher et on la sonna à la volée le 28 juin à midi, à l'arrivée du maïeur de trois jours [1] qui venait avec son corps faire compliment aux moines dans l'église de Saint-Éloy. Quand les maçons eurent fini la tour, ils firent un mur mitoyen entre le verger des Capucins et le pré ; on gratta l'église en dehors et en dedans, on fit la sacristie et l'allée conduisant de l'église au couvent, on ferma les voûtes des deux chapelles et on releva la maçonnerie des croisées. A la fin de septembre, les trois pas de la grande porte, à la hauteur du pavé de la grande cour, furent posés. Le lundi 3 octobre, on commença le pavage intérieur ; les derniers piliers du vieux clocher furent abattus et, à la fin de décembre, on rajusta le beau lambris qui était autour de l'ancien maître-autel, pour le placer au même endroit de la nouvelle église.

Les travaux languirent probablement en 1776, car nous n'en retrouvons pas le journal ; il est probable qu'on s'occupa surtout de l'aménagement intérieur, et ce n'est qu'en 1777 qu'on acheva de poser les lambris autour du chœur et des stalles, et que le tout fut fini pour le 31 octobre.

Ce jour, sur les dix heures du matin, Dom Clamarest, prieur claustral, fit la cérémonie de la bénédiction de l'église. L'assemblée eut lieu dans l'église de Saint-Éloy et là, le prieur fit la bénédiction de l'eau et d'un bouquet de buis attaché à un petit bâton ; on sortit de

---

1. Les chanoines de Saint-Vulfran et les moines de Saint-Pierre, jouissaient du singulier privilège d'élire parmi eux un maire qui, sous le nom de Prévôt, s'emparait de l'autorité la veille de la Saint-Pierre et le surlendemain des fêtes de la Pentecôte. Le prévôt des chanoines exerçait tous les actes de cette magistrature pendant cinq jours, et celui des bénédictins pendant trois jours seulement. En 1328, ces moines vendirent leur prévôté à la commune, et cette charge éphémère passa alors à l'un des échevins, élu par ses collègues. (LOUANDRE, *Hist. d'Abbeville*.)

l'église en procession où étaient les curés de Notre-Dame de la Chapelle, de Saint-Éloy et du Saint-Sépulcre et que suivaient Messieurs de l'Hôtel de Ville, Messieurs les Officiers du prieuré et le peuple. Quand on fut arrivé à la porte de la nouvelle église, on entonna le psaume *Miserere* et pendant qu'on le chantait, la procession fit le tour de l'église, le prieur ayant à la main le bouquet de buis avec lequel il jeta de l'eau bénite sur le portail et sur les murs, en haut et en bas. On entra ensuite à l'église dont, pendant les prières, le prieur fit le tour en jetant avec le bouquet de buis de l'eau bénite sur les murs ; puis il retourna à l'autel où il dit une oraison. La croix fut ensuite posée sur le tabernacle et les chandeliers sur les gradins ; l'officiant bénit et consacra la pierre de l'autel et le tabernacle, on célébra la grand'messe et la cérémonie fut terminée par le chant du *Te Deum*.

Le dimanche 9 novembre, on retira les saintes reliques du couvent des Ursulines, où elles étaient depuis sept ans. Ce jour, à trois heures un quart, la procession sortit de la nouvelle église dans l'ordre suivant : la Confrérie des Agonisants, les RR. PP. Capucins, la croix du Prieuré, le clergé de Saint-Éloy, les religieux avec les chantres et Dom Clamarest, prieur, revêtus de chapes rouges (les clergés de Notre-Dame de la Chapelle et du Saint-Sépulcre ne rejoignirent qu'en l'église des Ursulines), Messieurs du Présidial et de l'Hôtel de Ville, les Officiers du Prieuré, Messieurs les Consuls en charge et les anciens Juges, les maîtres teinturiers et tondeurs vêtus de noir avec un manteau de prêtre et un rabat. On resta environ un quart d'heure dans l'église des Ursulines, d'où la procession sortit dans le même ordre. Après la croix du prieuré, suivaient le chef de sainte Agnès porté sur un brancard par deux abbés revêtus de tuniques rouges, la châsse de saint Foillan, portée par les teinturiers et tondeurs (ceux qui devaient les relever faisant la haie de chaque côté) et le chef de saint Fursy porté sur un brancard par deux abbés. Le prieur portait une petite croix où il y avait du bois de la vraie croix, Dom Darnaux, l'image en argent de saint Foillan, Dom de Saint-Marc, l'image en argent de saint Pierre, le curé de Saint-Éloy, une relique de ce saint, ceux de la Chapelle et du Saint-Sépulcre, chacun un reliquaire ; les religieux du prieuré portaient les autres reliques. La procession fut par la porte Comtesse, la rue Saint-André et les rues des Cuisiniers, des Teinturiers et des Capucins. Pendant toute la marche, les cloches du prieuré furent sonnées et, devant Saint-André, on sonna aussi les deux grosses cloches de l'Hôtel de Ville ; les filles de Saint-Joseph, les Capucins et Saint-Éloy firent de même. La procession étant rentrée, on chanta le *Te Deum* ; le chef de saint Fursy fut exposé dans l'église jusqu'au lendemain, la châsse de saint Foillan pendant neuf jours ; après quoi elles furent mises à leur place, sur l'autel.

L'église était terminée, mais les travaux de sa construction avaient retardé ceux des bâtiments claustraux, et ce ne fut qu'à la fin de novembre 1780 que les religieux purent rentrer dans leur couvent qu'ils ne devaient plus habiter que quelques années. Les travaux avaient duré en tout dix ans et les « spéculatifs » ne s'étaient pas trompés.

(D'après les manuscrits Siffait.)

L'ÉGLISE SAINT-ANDRÉ

(1774)

~~~~~~~~~~

L'église Saint-André était une des plus curieuses de la ville : ses vitraux particulièrement étaient très remarquables. En voici une description succincte qui en pourra donner quelque idée.

En 1774, on fit réparer le dommage causé à l'église Saint-André par l'explosion du magasin à poudre. Les deux croisées du chœur du côté de l'épître avaient été entièrement brisées avec leurs montants ; on refit l'une avec des verres blancs et l'autre avec des vitrages de couleur enlevés à la fenêtre en deçà de la chaire.

Cette croisée remise en verres blancs était auparavant en vitraux de couleur représentant le corps de saint André qu'on mettait dans le tombeau ; on y voyait aussi la dame Maximille qui l'embaumait avec des onguents précieux. La deuxième représentait l'évêque André à table en grande compagnie ayant à son côté le diable sous la figure d'une belle courtisane qui l'induisait en péché ; saint André était à la porte du logis déguisé en pèlerin, un bâton à la main et demandant à parler à l'évêque. A la troisième croisée non détruite par l'explosion, était représentée la suite de l'histoire : saint André en figure naturelle avec sa
~~~~~~~~~~

croix était encore à la porte du logis parlant au portier tandis que l'évêque André et ses convives encore à table regardaient avec étonnement le diable s'enfuyant dans les airs.

De l'autre côté du chœur, on refit aussi en blanc une croisée qui était fort endommagée ; elle représentait auparavant saint André prêchant le peuple assis sur des bancs dans un grand appartement soutenu par des piliers de marbre ; les quatre panneaux du bas représentaient un berger dans la prairie gardant ses moutons, un porcher qui gardait des pourceaux mangeant des glands près d'un chêne, un bœuf dans toute sa longueur et enfin un écusson représentant une tête de bœuf avec une croix au-dessus ; c'étaient les armoiries de la communauté des maîtres bouchers qui avait donné le vitrage de cette croisée. Et quant aux autres croisées qui avaient été endommagées, on rassembla les vitrages le mieux qu'on put et on mit des montants de bois en remplacement de ceux qui avaient été brisés.

On obtint de Mgr l'Intendant que la dépense serait payée par les propriétaires et habitants de la paroisse ; elle se montait, suivant la quittance des ouvriers, à la somme de 1,287 livres. On eut l'année suivante réponse à la requête et en conséquence, les propriétaires payèrent les deux tiers de la dépense et les locataires le dernier tiers. Il y a eu des paroissiens tenant boutique ouverte qui, étant à la fois propriétaires et locataires, ont payé 30 livres. L'hôtel de ville a été déchargé de la dépense. M. le commandeur de Beauvoir a donné 100 livres à la condition que le surplus de sa taxe servirait à décharger les pauvres propriétaires et locataires qui n'avaient pas moyen de payer.

(Tiré des manuscrits Siffait.)

LES
LOGEMENTS MILITAIRES

A ABBEVILLE

Aux XVIIe et XVIIIe Siècles.

Une des plus lourdes charges qu'avaient à supporter aux deux derniers siècles les habitants d'une ville était le logement des troupes de garnison et des troupes de passage. Il n'y avait pas de casernes, à Abbeville du moins, et le logement chez l'habitant était le seul moyen de procurer un gîte à des troupes qui, issues du système de l'enrôlement volontaire, n'étaient pas soumises à la discipline sévère que rend seule possible la vie en caserne.

Aussi ce n'était pas considéré comme un avantage pour une ville d'y avoir une garnison permanente et les municipalités employaient tous les moyens possibles pour soustraire les citoyens à la présence des régiments. On le comprenait de même en haut lieu.

« La décharge de garnison pendant l'hiver, écrivait le 27 janvier 1650 Michel le Tellier aux maire et échevins d'Abbeville, est le plus grand soulagement que l'on puisse procurer à une ville » ; et, en annonçant que la garnison serait retirée d'Abbeville pendant le reste de l'hiver, il demandait comme compensation que la ville fournisse pour l'infanterie « dont la plupart des soldats sont désarmez et ont un extrême besoin d'habillement » cinq cents mousquets garnis de leurs bandoulières et trois cents paires d'habits complets consistant en pourpoint long en forme de juste-au-corps haut, chausses de drap le plus propre à résister à l'injure du temps et autant de paires de souliers. Il ajoutait que faute de livrer ces fournitures pour le 12 février, la garnison serait renvoyée dans la ville.

On raisonnait de même en 1772 et M. d'Agay, intendant de Picardie, reprochant le peu de soin avec lequel étaient logés les soldats, menaçait la ville d'une augmentation de garnison. Quelques années après, en 1780, lors de la construction des casernes, le corps de ville protestait contre la possibilité de l'envoi d'un nouveau régiment de cavalerie à Abbeville, exposant que l'établissement d'une garnison ne produirait aucun avantage aux habitants en général, que quelques ouvriers et marchands y trouveraient seuls quelque lucre, mais que les vivres y coûteraient plus cher et que ce serait, comme toujours, une charge onéreuse pour les habitants.

Cette garnison était, sous Louis XIV et sous Louis XV, d'un effectif très variable. Ainsi, en 1660, les habitants d'Abbeville avaient à loger les trois compagnies de chevau-légers de la Reine, de Coligny et de Chamilly auxquelles ils devaient fournir l'ustensile consistant en « un lit garni d'un linceul », place au feu et à la chandelle selon la commodité de l'hôte. Pendant tout le règne de Louis XIV, dit M. Louandre, la garnison d'Abbeville comportait généralement un bataillon d'infanterie et douze compagnies de cavalerie et quand, en 1710, les désastres de la guerre de la succession d'Espagne eurent presque rendu à Abbeville sa position de ville frontière, une armée de 14,000 hommes y fut réunie pour concourir à sa défense.

C'était, il est vrai, une force militaire toute exceptionnelle et qui n'y demeura que fort peu de temps ; mais, à partir du règne de Louis XIV, nous trouvons à Abbeville une garnison permanente et continue d'infanterie ou de cavalerie, quelquefois des deux armes, les changements en étant très fréquents. C'est, par exemple, en 1722, le régiment de cavalerie de Lameth remplacé en 1724 par celui de Saxe-Infanterie et en 1730 les milices du Boulonnais avec deux compagnies de cavalerie de la Ferronnays qui étaient cantonnées pour faire prendre le vert à leurs chevaux.

L'éternel antagonisme de la cavalerie et de l'infanterie fut alors la cause d'une petite émeute dont les annalistes d'Abbeville nous ont conservé le souvenir. A l'occasion d'une procession à Saint-Georges, les miliciens se rassemblèrent sur le marché pour porter l'image du saint et accompagner la procession qui devait aller à l'Hôtel-Dieu et aux Sœurs Grises. Les cavaliers informés de la cérémonie voulurent aussi porter la statue du saint et se firent jour jusqu'à l'église, l'épée à la main. A ce moment un aide-major de milice eut l'imprudence de crier : Tirez, messieurs, ce à quoi s'opposèrent les autres officiers, et les miliciens n'étant point en état de résister, se sauvèrent. Quand le tumulte fut passé, Messieurs du clergé crurent qu'en portant eux-mêmes la statue, ils apaiseraient toutes contestations ; mais quand on fut près de la rue du Moulin-du-Roi, on aperçut dans la Poissonnerie nombre de cavaliers manifestant encore l'intention de s'emparer de la statue ; aussi la procession rentra-t-elle à l'église. Quelques jours après, ces milices du Boulonnais firent encore parler d'elles ; il y avait au marché réjouissance avec feu de joie : un milicien ayant manqué son coup le déchargea dans le feu et comme il était chargé de deux balles, blessa un maître perruquier du Pont-Neuf qui en mourut quelques jours après.

En 1746, pendant l'hiver, Abbeville renferme un bataillon de Lally-Tollendal, habits rouges, parements, vestes et culottes vertes ; un bataillon de Dillon-Irlandais, habits, vestes et culottes rouges avec parements noirs, et un bataillon des milices de Bretagne ; en 1755, nous y trouvons douze cents hommes du régiment de Bentheim remplacés peu de temps après par le régiment du Roi composé de quarante-huit compagnies avec un effectif de 2,400 soldats et 3,000 hommes en y comprenant les officiers et leurs domestiques. Ce régiment qui portait l'habit blanc avec veste et culotte bleue avait une musique composée de quatre hautbois et de deux trompettes douces ; les musiciens étaient des gagistes à 700 livres par an et qui pouvaient quitter le régiment en prévenant trois mois d'avance. A la messe des officiers qui se disait dans l'église des Carmes, la musique jouait pendant tout le temps de la messe et au lever-Dieu, exécutait la marche, accompagnée des tambours. Les régiments changeaient souvent et ne restaient guère plus de six mois : l'effectif et l'arme étaient variables, tantôt infanterie, tantôt cavalerie jusqu'en 1760, époque à laquelle cinq compagnies du régiment de Cornette blanche ou Colonel général vinrent commencer une série désormais ininterrompue de garnisons de cavalerie.

Indépendamment des logis à fournir aux soldats de la garnison permanente, les habitants devaient encore recevoir chez eux les troupes de passage dans la ville ; or, un état conservé aux archives municipales (E. E. 147), nous montre quelle aggravation de charges provenait de ce chef, puisque de 1776 à 1781, la ville eut à supporter le passage de 80 bataillons d'infanterie et 12 régiments de cavalerie : nous donnerons comme exemple les mouvements de troupes du mois d'août 1772 où la ville avait vu passer successivement 4 escadrons des dragons de Monsieur, 4 escadrons des dragons d'Orléans, 4 escadrons du Royal-Dragons, 2 bataillons du régiment d'Anjou, 2 bataillons du régiment de Chartres et le régiment de hussards d'Esterhazy.

Le logement des troupes chez l'habitant suscitait toujours des difficultés de toutes sortes provenant soit de la résistance ou des plaintes de l'habitant, soit des exigences plus ou moins justifiées de l'autorité militaire qui nécessitaient l'intervention continuelle des magistrats municipaux et devenaient une source de conflits et de reproches toujours renaissants.

Venaient en première ligne les demandes d'exemption. Ainsi, en 1677, la noblesse se plaignait à Charles de Lorraine duc d'Elbeuf, gouverneur de Picardie, que les Maire et échevins « s'étaient ingérés contre ses droits et privilèges en la billetant et en la voulant obliger de loger les gens de guerre ». Le gouverneur se rendit à Abbeville pour informer, et écrivait le 9 mai : « Nous avons obligé lesdits maïeur et échevins de faire leur soumission en demandant pardon à ladite noblesse de la faute qu'ils ont lourdement commise contre les privilèges sacrés de la noblesse, ce qu'ils ont fait et exécuté en même temps »

En 1645, Richard le Vasseur, procureur et notaire royal au siège d'Abbeville, avait obtenu du Roi une lettre défendant de loger ni souffrir être logé chez lui à peine aux soldats de la vie, aux chefs et officiers de désobéissance, aux maire et échevins de répondre en leurs propres et privés de tous dommages, permettant audit le Vasseur de faire mettre et apposer à sa maison ses armoiries, panonceaux et bâtons royaux à ce qu'aucun n'en prétende cause d'ignorance (Arch. munic. EE. 114).

Puis ce sont des exemptions successives accordées en 1657, au S. Jean Bourdon, receveur héréditaire de la ferme des 9 livres 18 sols de la province de Picardie au bureau d'Abbeville (Arch. mun. FF. 147); en 1691, aux matelots d'Abbeville qui sont au service du Roi et aux sieurs Mannessier et Moisnel, receveurs du prieuré de Saint-Pierre ; en 1703, au sieur le Duc, organiste de Saint-Georges, qui en a toujours été dispensé par le bon plaisir de l'Intendant ; en 1723, aux sergents royaux du grenier à sel. Plus tard et successivement on accorde l'exemption aux capitaines des milices bourgeoises, à la veuve du sieur Perrache, changeur, au syndic de la mairie d'Abbeville, aux employés buralistes de la régie des droits réservés à cause de l'extrême modicité de leurs traitements, à M. de Belleval, lieutenant de louveterie et aux maîtres canonniers en titre d'office de la ville qui exposent « qu'ils font leur service sans rétribution, lequel s'étend non seulement à tirer le canon de la place lors des mariages, naissances et passages des rois, reines, princes et autres seigneurs auxquels ces honneurs sont dus ou lors des réjouissances publiques, mais aussi à travailler dans les magasins aux poudres, boulets et aux effets d'artillerie où ils passent souvent un temps considérable. »

Enfin deux états complets des personnes qui ne logent pas de gens de guerre, datés de 1733 et 1744 (Arch. mun. EE. 113 et 134), nous fournissent une quantité d'exempts, tels que les nobles, les ecclésiastiques, les subdélégués, Messieurs du Présidial, tous les fonctionnaires tels que le lieutenant de l'amirauté, le receveur des amendes de la maîtrise, le greffier des traites, le receveur des aides et des tailles, les gens du grenier à sel, le receveur des épices. Nous y voyons aussi figurer pêle-mêle MM. Hecquet et Homassel, entrepreneurs de la manufacture des Moquettes, les gardiens des portes, les archers et sergents de ville, les gardes du duc d'Elbeuf, les horloger, écrivain et vitrier de la ville, les chirurgiens de la ville et de l'Hôtel-Dieu, le concierge de l'Hôtel de Ville, le S. Lejeune, maître de poste, la veuve Thevenin qui tient le bureau des carosses et enfin Mme Vauchelle, maîtresse de M. Van Robais (sic) et Marguerite Robert, chaussée d'Hocquet « dont la maison n'est pas louable ».

L'administration militaire surveillait l'administration municipale dans la distribution des logements et dans la manière dont devaient être installés les soldats. En 1666, le Roi se plaignant des abus qui se commettaient du fait des maïeur et échevins dans la distribution des logements de ses troupes ordonna au maréchal général des logis de ses camps et armées de se transporter à Abbéville pour prendre connaissance de l'état et force de chaque maison de la ville et des faubourgs, se faire représenter le contrôle des logements et après avoir examiné toutes choses de concert avec les maïeur et échevins, affecter aux manu-

factures les maisons nécessaires et les plus propres
auxd. manufactures pour être dorénavant exemptes de
logement des gens de guerre ; dresser un contrôle de
toutes les maisons qui seront sujettes aud. logement
sans en excepter aucune autre que celles qui doivent
être exemptes d'après les règlements ; spécifier dans
le contrôle la force de chaque maison pour savoir le
nombre des troupes qui pourront être logées dans la
ville sans surcharger les habitants ; y partager les
logements pour la garnison et y réserver le surplus
pour les troupes de passage ; faire faire enfin en sa
présence la distribution des logements entre les
hommes de la garnison actuelle et du tout rendre
compte à Sa Majesté.

De nouvelles difficultés sur le même sujet reparurent
à différentes époques, notamment en 1772. Le
31 octobre, M. d'Agay, à la suite de plaintes conti-
nuelles et de réclamations sans fin, prescrit de faire
numéroter toutes les maisons de la ville et des faux-
bourgs avec indication des chambres propres à loger
deux dragons. Ce travail fut fait par le commissaire
du guet accompagné d'un échevin et de M. de Fontaine, major de la place ; il fut fait défense aux propriétaires de déplacer les nunéros à peine de 50 livres
d'amende et on plaça en même temps des plaques
indicatives des noms à chaque coin de rue. La municipalité aurait bien voulu faire payer aux habitants
les frais de cette opération, mais M. d'Agay consulté
répondit que la dépense devait être à la charge de la
ville ; si vous pouvez, ajoutait-il, engager par la voie
de la persuasion les propriétaires à les payer, vous
ferez bien ; mais vous ne pouvez les y contraindre
(7 mai 1774).

Puis les officiers du régiment de Languedoc se plaignaient (28 novembre 1772) de l'excessive cherté des auberges d'Abbeville [1] où les lieutenants font leur ordinaire quoique, disent-ils, les denrées ne soient pas d'un haut prix dans la ville et M. d'Agay invitait le maire, de concert avec M. de la Noue, major, à faire entendre raison aux aubergistes, sinon à prendre les mesures nécessaires pour fournir aux lieutenants un local convenable où ils puissent faire leur ordinaire. Enfin les plaintes ne cessant pas, M. de Monteynard, ministre de la guerre, écrivait le 6 novembre 1772 à M. d'Agay, la lettre suivante qui contient tous les griefs de l'administration militaire (Arch. mun. EE. 131) :

« M. le Comte d'Arnouville vient, Monsieur, de m'informer de l'établissement du régiment de dragons de Languedoc qu'il a été faire lui-même à Abbeville. Je vois par le compte qu'il me rend que les dragons y sont on ne peut plus mal logés, y ayant jusqu'à douze hommes dans un endroit où il pourrait à peine tenir deux lits ; ce qui provient principalement de ce que les bourgeois sujets aux logements et qui pourraient en

---

(1) A propos des auberges d'Abbeville, nous avons trouvé un document de 1645 qui est l'état des sommes dues aux maîtres de ces auberges pour logement de soldats ; nous y trouvons les noms, à cette époque, des auberges d'Abbeville dont plusieurs existent encore ou ont disparu depuis peu de temps. C'étaient : le Mouton Noir, l'Echarpe Blanche, *le Berceau d'Or*, l'Echiquier, le Lion Noir, le Petit Saint-Martin, Saint-Roch, le Bois de Vincennes, le Chaperon Rouge, le Chat, la Croix d'Or, le Roi Henri, les Trois Rois, le Cœur Royal, *le Grand Hercule*, la Verte Treille, l'Ecu de Bretagne, l'Image Notre-Dame, les Chasse-Marées, *la Fleur de Lys*, le Miroir, le Grand Paon, le Bar, la Tête Blanche, l'Ancre, l'Ecu de Brabant, le Laboureur, *l'Etoile du Jour*, la Ville d'Hesdin, la Vignette, l'Ecu de Vendôme, les Gobelets et la Pie (Arch. mun. EE. 116).

fournir un convenable se cotisent plusieurs ensemble et louent chez les plus pauvres habitants un lieu quelconque pour loger les dragons, de façon que tous sont placés dans les lieux les plus malsains et que les fournitures de toute espèce sont également des plus mauvaises, les paillasses et les couvertures étant pourries. Je vois aussi que les dragons sont logés pour la plupart à une extrémité de la ville tandis que les chevaux sont à l'autre ; que les écuries sont aussi détestables à tous égards et qu'enfin il n'y a point d'emplacement propre à serrer les différents effets de troupe qui sont exposés à l'humidité et à la rouille. Je n'ignore point, Monsieur, que cette ville est très en état de fournir un établissement plus convenable pour une troupe et que les inconvénients dont je viens de parler ne sont que l'effet du peu de police qui y règne et de la mauvaise volonté d'un certain nombre d'habitants qui n'aiment point les troupes et qui se refusent au bien du service dans l'espérance qu'on cessera de leur en envoyer. Je vous prie de vouloir bien me faire rendre un compte exact de ces abus qui me paraissent poussés jusqu'à l'indécence relativement aux troupes et de prévenir les officiers municipaux de cette ville que s'ils n'y mettent pas ordre présentement, je ne pourrai me dispenser d'en rendre compte au Roi *qui se décidera vraisemblablement à y envoyer encore un régiment de quatre bataillons pour leur marquer son mécontentement.* Il est très instant, au surplus, que vous chargiez un commissaire des guerres d'examiner les logements du régiment de Languedoc et de changer tous ceux qui seront jugés ne pouvoir pas être occupés; vous voudrez bien m'informer le plus tôt possible de ce que vous aurez fait en conséquence de cette lettre. »

Nous ne connaissons pas toutes les mesures que prit l'administration municipale pour répondre aux plaintes exprimées dans cette lettre comminatoire ; il paraît pourtant, d'après deux états des 27 novembre 1777 et 20 décembre 1780, qu'elle s'était appliquée à empêcher les logements défectueux dont parlait le ministre et qu'elle avait loué pour son compte des bâtiments indiqués aux états sous le nom de caserne de la Pointe, caserne d'Hocquet, caserne de Saint-Jean-des-Prés où les bourgeois qui ne voulaient pas loger chez eux avaient fourni un lit et en payaient la place à raison de 21 sols par mois.

D'un autre côté les soldats logés chez l'habitant exigeaient souvent plus que ce qui leur était dû. Cette exigence était devenue tellement habituelle en 1696 que M. Le Tonnelier de Breteuil, intendant de Picardie, dut intervenir au sujet des plaintes que les habitants ne cessaient de faire contre les soldats du régiment de la Reine et contre les officiers de ce régiment qui permettaient à leurs hommes de se faire donner des nourritures et de faire pour cela violences à l'égard de leurs hôtes. On fait savoir à tous les habitants de la ville d'Abbeville, écrit l'Intendant à la date du 4 janvier 1697, qu'en cas d'excès ou d'exactions que voudraient commettre les soldats pour prétendre d'eux autre chose que le feu et la chandelle qu'ils aient à se pourvoir devant M. de Bomicourt, conseiller au présidial, qui, après avoir averti l'officier commandant le régiment et faute par l'officier de constituer aussitôt, après l'accusé prisonnier, est délégué pour informer immédiatement des désordres et exactions commis et pour même arrêter et écrouer les accusés qui resteront en prison jusqu'à ce que sur l'avis qui sera donné à l'Intendant, il en soit statué autrement ; le S. Nacart lieutenant du prévôt des maréchaux, M. de Favencourt lieutenant de robe courte et même les officiers du régiment devront prêter main-forte à peine d'être responsables des désordres qui pourraient survenir: et pour prévenir ceux qui pourraient arriver par vol ou autrement, s'il était permis aux soldats de vaguer à heure indue, il leur est fait défense sous peine de la vie de sortir sous quelque prétexte que ce puisse être après l'heure de la retraite ; il est en outre enjoint aux hôtes d'aller à l'Hôtel de Ville le lendemain matin dénoncer les soldats qui ne seraient pas rentrés à l'heure fixée, à peine en cas de convictions de vol contre lesd. soldats, d'être iceux hôtes punis comme recéleurs des choses volées (Arch. mun. FF. 147).

Notre excellent et regretté collègue, M. de Bonnault, lisait il y a quelques années à la Société d'Émulation une très curieuse lettre adressée le 19 septembre 1767 par l'intendant Dupleix à M. Brion, commissaire des guerres à Abbeville, et relative aux fournitures qui devaient être données aux troupes et aux conditions que devaient remplir les logements des soldats. On ne peut trouver de document plus complet et plus intéressant sur ce sujet et nous pensons que, malgré son étendue, il est opportun de le reproduire ici presque en entier :

« Pour éviter l'embarras et les difficultés qu'occasionne toujours le logement des officiers supérieurs qui sont le mestre de camp, le lieutenant colonel et le major, il est à propos que la ville exécute à leur égard l'ordonnance du Roi du 5 juillet 1765 qui leur attribue savoir, au mestre de camp 50 livres, au lieutenant colonel 40, et au major 30 par mois, à la charge par eux de se pourvoir de logements et de meubles en payant de gré à gré. Cet arrangement ne peut être qu'avantageux pour la ville, en ce que cette ordonnance suspend le traitement pécuniaire quand ces officiers sont absents, sauf par la ville à payer seulement les loyers dont ils resteraient réellement et effectivement chargés pendant leurs absences, sans que cela puisse excéder les sommes fixées pour leurs grades respectifs.

« Le logement des autres officiers savoir : 8 capitaines, 8 lieutenants, 8 sous-lieutenants 2 aide-major, 4 sous-aide-major, 1 quartier-maître, 4 porte-guidon, 1 aumônier et 1 chirurgien major, doit être réparti sur les plus aisés des bourgeois qui sont personnellement sujets à cette charge publique. Ces bourgeois doivent être prévenus à l'avance des fournitures qu'ils auront à faire et vous aurez soin d'en faire une reconnaissance et vérification exacte conjointement avec les Maire et échevins plusieurs jours avant l'arrivée de la troupe, à l'effet d'obliger les habitants qui ne les auraient pas préparées telles qu'elles doivent être à se conformer sur-le-champ, à ce qui leur aura été prescrit.

« Ces fournitures consistent pour chaque aide-major, sous-aide-major, le quartier-maître, l'aumônier, le chirurgien major et pour chaque capitaine en une chambre honnête, dont les murs seront tapissés ou au moins boisés, peints ou blanchis. Cette chambre aura une cheminée et sera meublée d'une table, trois chaises, un porte-manteau pour pendre les habits, un pot à eau avec sa cuvette, deux serviettes par semaine, un chandelier, deux chenets, une pelle, une pincette, un pot de nuit, plus d'un lit garni d'une housse entière, d'une paillasse remplie de paille, de deux matelas ou d'un seul avec un lit de plumes, d'un traversin, de deux couvertures l'hiver ou d'une seule l'été et d'une paire de draps qui sera renouvelée tous les quinze jours en été et au bout de trois semaines en hiver. Il sera en outre fourni à chacun des officiers sus-désignés dans la maison où il sera logé et plus à portée de lui qu'il sera possible, sans que l'hôte en soit gêné, une chambre avec ou sans cheminée pour son valet, au cas qu'il en ait un réellement ; il y aura dans cette chambre un lit composé d'un chalit, une paillasse, un matelas de crin ou de bourre, une couverture et des draps qui seront renouvelés tous les mois. Je vous observe que les meilleurs logements de cette nature devront être donnés aux capitaines et aux aide-major et qu'au surplus, quoique l'ordonnance n'exige pas d'autres fournitures que celles que je viens de détailler, il convient que vous exhortiez les habitants en général à y ajouter autant que leurs facultés le permettent, afin d'obvier à toutes plaintes, mécontentements ou altercations avec la troupe.

« Les lieutenants, sous-lieutenants et porte-guidon devront toujours être logés deux à deux. Il ne sera fourni qu'une seule chambre pour deux officiers de l'un ou l'autre de ces grades indistinctement ; mais il y aura dans cette chambre deux lits séparés comme ceux des sous-aide-major ; il y aura aussi les mêmes meubles et il leur sera donné un endroit avec un seul lit pour coucher ensemble leurs valets, s'ils en ont.

« A l'égard des fourriers, maréchaux des logis, brigadiers, appointés, dragons et tambours dont le complet serait de 368 hommes, leur logement doit être réparti entre les plus aisés des habitants des classes inférieures à raison de deux hommes du même grade autant qu'il sera possible dans chaque maison et en choisissant et destinant les meilleurs logements pour les fourriers et maréchaux des logis qui sont les premiers maîtres et bas officiers de la compagnie. Les hôtes fourniront pour deux hommes un emplacement qui soit clos et sain et qui puisse leur suffire, dans lequel il y aura un seul lit d'au moins quatre pieds de largeur, composé d'un chalit, d'une paillasse remplie de paille, d'un matelas de crin ou de bourre, une couverture, un traversin, des draps tous les vingt jours, un banc et une table.

« S'il se trouve dans la ville quelques bâtiments vagues dont on puisse disposer pour caserner les dragons ou une partie, il en résultera un bien pour les habitants qui, par des raisons essentielles, voudront se rédimer du logement personnel ; mais vous ne devez pas souffrir qu'aucun particulier fasse sur cela aucun arrangement sans votre participation et sans le consentement préalable de vous et des officiers municipaux, et il sera important de veiller à ce que les habitants garnissent ces bâtiments des ustensiles prescrits et nécessaires.

« Le logement doit être préparé pour le complet de la troupe et vous voudrez bien m'adresser un double du contrôle qui en sera formé ; mais, comme il y a probablement beaucoup d'officiers et de dragons qui manquent par congé ou autrement, vous ne ferez délivrer les billets que pour l'effectif en commençant par ceux des habitants qui n'ont pas logé lors de la dernière garnison et en continuant parmi ceux qui sont les plus aisés sauf à réserver les billets des habitants les moins aisés ou qui ont logé à la dernière garnison, pour ne les expédier qu'au fur et à mesure.

du retour des semestriers ou détachements et de l'arrivée des recrues.

« En ce qui concerne le chauffage et la lumière dont la troupe a besoin, je crois qu'on ne peut mieux faire que de continuer ce qui s'est pratiqué de tout temps à Abbeville. La lumière nécessaire sera fournie tant en été qu'en hiver par les hôtes. La ville fera délivrer un sac de tourbes par chacun des cinq mois d'hiver pour chaque homme indiqué dans vos revues comme présent à la troupe, y compris les malades à l'hôpital de la garnison ; et quant aux sept mois d'été, les dragons feront cuire leur viande et leur soupe au feu de leurs hôtes lesquels au surplus seront tenus de supporter à leur tour alternativement l'embarras de l'ordinaire de chaque escouade, sans néanmoins y fournir les ustensiles de cuisine. Comme les dragons qui sont casernés ne pourront pas faire ordinaire chez les bourgeois pour le compte desquels le casernement aura été arrangé, il faudra que ces bourgeois fournissent pendant l'été, soit en nature, soit en argent le tiers de la tourbe attribuée à chaque homme en hiver ; il convient d'ailleurs que la ville fasse disposer des magasins commodes et en nombre suffisant pour les fourrages le plus à portée des écuries qu'il sera possible, en distinguant ceux qui serviront aux approvisionnements de ceux où l'on déposera les distributions journalières. Il est pareillement nécessaire de préparer les corps de garde et les ustensiles et fournitures dont ils doivent être pourvus ainsi qu'un emplacement d'une assez grande étendue pour y placer les effets du régiment et y travailler pendant l'hiver.

« A l'égard des écuries qu'il faudra pour 300 chevaux seulement, il est à propos d'employer d'abord les écuries publiques de la ville de la contenance d'environ 80 chevaux qui sont dans la ville et que les maire et échevins fassent de même occuper par préférence les autres bâtiments publics dont ils peuvent disposer et qui pourront être ajustés à usage d'écuries. Le surplus des chevaux sera réparti dans les auberges et les maisons particulières où il se trouvera des écuries dont les propriétaires pourront absolument se passer, en observant de régler cette distribution de façon que les chevaux d'une compagnie soient à portée des officiers et dragons de cette même compagnie. Les propriétaires des écuries seront indemnisés suivant l'usage de six deniers par jour pour l'attache de chaque cheval et la fourniture des auges et râteliers. »

Les écuries publiques dont parle la lettre ci-dessus et qui appartenaient à la ville consistaient notamment dans un vaste bâtiment sis contre le rempart du bastion de Rambures dans la rue du Haut-Mesnil et qu'on appelait les Ecuries du Roi et dans un autre sis au Prayel, près la porte Saint-Gilles ; on mettait aussi des chevaux dans des corps de garde extérieurs qui servaient parfois de logements aux indigents, qui y avaient, faut-il croire, un certain droit puisque, dans un compte de 1780, figure une somme de six livres payée pour la part supportée par le quartier du Bois pour l'indemnité accordée à ces familles ; on employait enfin des écuries dépendant du jardin des Archers dans la rue de Larquet et, en cas d'insuffisance, comme on l'a vu plus haut, les auberges et les écuries des maisons particulières.

Il fallait aussi des magasins pour les vivres des troupes et les fourrages des chevaux. Il y avait, en 1763, 2,539 sacs de grains et farines resserrés dans les édifices municipaux, dans les greniers des couvents et de certaines maisons particulières. Des états étaient dressés pour indiquer le nombre de sacs que chaque local pouvait recevoir : ainsi l'Hôtel de Ville était inscrit pour 558 sacs, l'Hôtel consulaire pour 80, les Carmes pour 176, les Capucins pour 300 ; on en mettait aussi aux Jacobins, à Saint-Pierre, aux Minimes, aux Ursulines et chez certains particuliers, tels que M. de Tœuffles, rue de la Pointe, M. ayeux, rue des Grandes-Ecoles, M. Buteux, rue du Moulin-du-Roi, à la Tête-de-Bœuf et dans une dizaine d'autres maisons. Le logement dans les couvents était gratuit ; chez les particuliers, la ville payait un loyer de six deniers par mois et par sac. Les fourrages étaient placés chez les Cordeliers dans une partie de leur cloître et dans l'aile droite de l'hôtel de la Gruthuse. Enfin, d'après un mémoire de 1725 (Archives du génie), l'artillerie disposait d'un grand magasin à poudre dans le bastion Marcadé, d'un petit à droite et contre la porte du Bois, ainsi que de deux magasins barraques contre l'hôpital général et au-dessus de l'entrée des souterrains du bastion de Longueville pour y remiser le gros matériel et les projectiles. La ville fournissait de plus une salle particulière pour recevoir 1,100 armes à feu et des armes blanches.

Enfin, la ville devait encore aux hauts fonctionnaires militaires une indemnité de logement. Nous en trouvons le détail dans un arrêt du Conseil d'Etat du 11 octobre 1718 qui nous donne la composition du haut état-major d'Abbeville à cette date. M. de la Rodde, brigadier des armées du Roi, commandant de la place, recevait 500 livres par an ; M. Lemaire, ingénieur en chef de la ville et M. de Canly, commissaire des guerres de la place, avaient chacun 300 livres ; M. Robelin, directeur général des fortifications des places maritimes, 250 livres ; M. de Launay, commissaire ordinaire d'artillerie, 200 livres ; M. Perrin de Flancourt, commissaire permanent des guerres, 150 livres ; MM. Dupont et Grillot de Predely, ingénieurs de la place et M. de la Rambergue, commissaire des classes de la marine, avaient chacun une indemnité de 100 livres. Ces sommes étaient payées au moyen d'une imposition spéciale. Enfin, les cavaliers de la maréchaussée avaient aussi droit à une indemnité de logement qui était, en 1769, de 250 livres pour le lieutenant, de 60 livres pour l'exempt, de 25 livres pour le brigadier et de 20 livres pour chaque cavalier.

Les choses duraient dans cet état depuis plus de cent cinquante ans, et ce n'était pas, comme on a pu le voir, à la satisfaction générale des parties, quand vers 1780 on entreprit la construction de la caserne actuelle de cavalerie.

Déjà, en 1720, on avait songé à construire un quartier pour les troupes et un arrêt de l'intendant Chauvelin du 3 avril (Arch. munic. EE. 130) donne l'état des paroisses jusqu'à la distance de trois lieues d'Abbeville qui devaient fournir des voitures à trois chevaux pour le transport des matériaux destinés à la construction du corps de casernes. Ce projet fut, du reste, vite abandonné, car nous n'avons trouvé aux archives d'Abbeville aucun autre document y ayant rapport.

En novembre 1768, il vint à Abbeville des ingénieurs pour déterminer l'endroit le plus commode pour établir des casernes et il fut décidé qu'on en construirait un corps dans le Préel Saint-Gilles et un autre dans la plaine au bas du Pont des Prés vers le Lillier : les travaux devaient commencer dans deux ans.

L'affaire resta longtemps dans les bureaux et ce ne fut que le 16 mars 1780 qu'on apprit que la construction des casernes était enfin décidée ; le Roi donnait 10,000 livres de ses deniers et accordait 40,000 livres à prendre sur l'octroi d'Amiens pendant six ans.

Le sieur Rousseau, ingénieur de la ville d'Amiens, fut chargé des plans et devis qui comprenaient un corps d'écuries à établir au Préel Saint-Gilles, un autre semblable au précédent qui devait être situé au bas du rempart du bastion de Rambures dans la rue du Haut-Mesnil, un corps de garde sur la place Saint-Pierre pour servir de magasin et de logement aux officiers (c'est ce qu'on appelle maintenant le pavillon du Génie) et un bâtiment appelé le Bourdois sur la place Saint-Georges.

Le devis des travaux ayant été approuvé par l'intendant de Picardie, l'adjudication au rabais eut lieu le 26 mai 1780 par devant M. l'Intendant assisté de MM. Deboileau, échevin, et Duval de Grandpré, procureur du Roi, commissaires nommés par la ville d'Abbeville sur la mise à prix de 360,000 livres. L'adjudication fut prononcée moyennant 249,000 livres au profit du sieur Couture, procureur au bailliage d'Amiens, qui déclara pour command le sieur Jean-Charles Jumel, architecte à Amiens, lequel présenta pour caution le nommé Pierre Moillier, maître jardinier à Amiens et pour certificateur de caution Joseph Mourier, maître tailleur à Caix. Par arrêt du 18 juillet 1780, le Roi confirma l'adjudication en spécifiant que les travaux devraient être parachevés dans le délai de cinq ans, qu'ils seraient payés sur le produit de l'octroi de Picardie et que le corps de caserne ainsi que les autres bâtiments et constructions appartiendraient en propriété à la ville d'Abbeville à la charge de leur entretien.

Le lundi 4 septembre, on commença à jeter les fondements des casernes du Préel Saint-Gilles, et le vendredi 29, M. le comte d'Agay, intendant de Picardie, qui devait poser la première pierre, arriva à Abbeville ; il fut loger chez M. Delegorgue, subdélégué et en attendant la cérémonie, reçut en audience ceux qui se prétendaient exempts de la capitation.

Le lendemain samedi 30, Messieurs de ville s'étant assemblés en l'échevinage, se rendirent en corps précédés de la cinquantaine chez M. Delegorgue où M. d'Agay se joignit à eux et delà ils allèrent à l'église Saint-Gilles où M. Gruel, vicaire, remplaçant M. le Curé absent, bénit la boîte qui devait être placée dans les fondations. Cette boîte était en chêne, un peu plus haute que large, et renfermait une plaque de cuivre de forme ovale fondue par le sieur Roussel et où était écrite, relevée en bosse comme à une cloche, l'inscription suivante : Reg. Lud. XVI, Præfecto civile provinciæ F. M. Bruno, Comite d'Agay, Præfecto militare urbis Comite Aug. J. de Mailly, Majore urbis Gab. Aug. Blondin de Barzonville, Legato Pat. Nicol. Du Val de Soicourt. Scabinis, M. L. J. de Boileau, P. Hecquet d'Orval, F. C. Lefebvre de Cormont, C. A. Aliamet de Martel. Assessoribus, J. P. Lefebvre de Vadicourt, N. Ant. Delf, F. Paschal Delattre, F. M. Champion. Procuratore urbis, Carol. Fr. Duval de Grandpré. Scrib. P. N. Coulombel. Argent. F. L. Devismes, Anno MDCCLXXX, xxx septembris, extracta fuere.

On fut ensuite au préel : les fondations n'étaient encore qu'à fleur de terre sauf au coin de l'abbaye d'Epagne où elles étaient un peu plus hautes : c'était là qu'on devait placer la boîte. Monsieur le Maïeur présenta la plaque de cuivre à Monsieur l'Intendant qui'en fit la lecture et qui y ayant vu et lu son nom fit un grand salut à Monsieur le maïeur : il la remit ensuite à ce dernier qui la donna à M. de Boileau pour la porter aux dames qui étaient contre la maison de l'abbaye d'Epagne sous une tente où il y avait une bande de violons. Ensuite on la rapporta à M. le maïeur qui la mit dans la boîte avec plusieurs pièces de monnaie et une espèce de poussière pour que le vert de gris n'y prenne point. Alors le maître maçon ayant une cocarde rouge à son chapeau présenta une truelle d'argent à Monsieur le Maïeur qui la remit à Monsieur l'Intendant. Celui-ci garnit de mortier le trou préparé, il y plaça la boîte qu'il recouvrit aussi de mortier et avec l'aide des maçons renversa un grès qui était préparé pour recouvrir la boîte : il cria ensuite : Vive le Roi et Monsieur le Maïeur cria : Vivent le Roi et Monsieur le comte d'Agay. Ensuite le corps de ville, les assistants et les maçons au nombre de 90 crièrent aussi : Vive le Roi et on retourna à l'échevinage où il y eut un grand dîner que Monsieur l'Intendant honora de sa présence ; après quoi il repartit le soir même pour Amiens (*MM. Siffait*).

Quelques semaines après, les projets de caserne subirent une modification. Les 10 et 11 décembre 1780, il se tint à l'échevinage une assemblée de Messieurs de ville et des députés de tous les corps où il fut résolu que le corps de caserne qu'on avait projeté de faire près le bastion de Rambures ne se ferait pas en cet endroit, mais dans le Préel Saint-Gilles aux lieu et place d'un rang de maisons dont les derrières faisaient face au rempart et que l'on paierait aux propriétaires la valeur des vingt-neuf maisons qu'il faudrait démolir : on décida aussi que pour subvenir à la dépense qui fut de 30,000 livres on aurait recours à l'éternelle ressource, un octroi qui serait mis sur les boissons qui entreraient en ville.

Cette modification fut approuvée et dès lors les travaux furent menés activement. Le 1er août 1783, une partie des écuries fut reçue par l'ingénieur Rousseau : on décida en même temps d'augmenter le second corps d'écurie, ce qui entraina un supplément de dépense de 10,742 livres et à la fin de l'année les travaux étaient assez avancés pour qu'on mit en adjudication la fourniture des objets mobiliers nécessaires pour la caserne. Ils devaient consister en 210 forts bois de lit à deux personnes, 48 tables, 72 bancs, 24 râteliers d'armes, 24 planches à pains, 410 crochets pour suspendre les selles des chevaux, 410 crochets pour suspendre les bottes et pistolets, 48 doubles crémaillères, roulant sur une traverse, 24 crémaillères simples, 72 paires de chenets et 72 plaques de cheminée.

Quelque temps après les travaux étaient terminés. La cavalerie prenait possession des casernes qu'elle occupe encore maintenant et la terrible question des logements militaires permanents était close, au grand avantage de la discipline et des troupes et surtout à la grande satisfaction des bourgeois et de l'administration municipale auxquels elle avait causé tant d'ennuis.

TABLE DES MATIÈRES

Abbeville. — Imprimerie C. Paillart

www.ingramcontent.com/pod-product-compliance
Lightning Source LLC
Chambersburg PA
CBHW051549050726
47595CB00002B/699